后浪出版公司

Simple Scams for Mealtime, Bedtime,
Bathtime-Anytime!

如何哄孩子

How to Con Your Kid

[美] 戴维·博根尼奇（David Borgenicht） 詹姆斯·格雷斯（James Grace） 著 董春磊 译

四川人民出版社

目　录

引　言

首先，这是一本你家小鬼不希望你看到的书。

这本书会提供一些技巧、诀窍和实战经验，让你在孩子们奉行的那套规则中取胜——也就是用孩子的方式思考。孩子们比你们小，理论上也不如你们有"心眼儿"，再加上你们是成年人，因此一切应该由你们说了算。

但是在现实中，这个想法根本行不通，很多父母也都这么说。实际上，并不是孩子们不按规则做事，而是因为他们不知道规则，或者说至少认为规则由他们定。

孩子们每天都生活在这样的斗争当中：想要完全掌控自己的生活，同时又想要成为一个好宝宝。这一点很令人困惑但也容易理解，他们尽管已经不再是婴儿，但也还没有完全成熟。毕竟婴儿能做的就只有大哭，然后你就会跑过去哄他们。他们尽管已经会说话了，而且（从理论上说）已经有共情和逻辑思考的能力了，但还是搞不清楚为什么旧的做法行不通了。

为什么不应该整天光着身子？为什么不能把冰激凌当饭吃？孩子们不知道在出门之前应该要穿戴整齐，或者糖果不是主要的食物之一；孩子们不知道从商店中拿走任何东西都要先付钱，或者发脾气不是处理所有争端的主要手段；孩子们不知道洗头发并不是一种古老的刑罚，他们也不知道剪指甲并不疼，或者有种东西叫"内心独白"。

这里就需要你起作用了。不管怎样你都得教育他们。有时候，立下基本规矩就足够了：给他们不确定的奖励，把他们当成有责任心的、能独立思考的个体，以及教会他们为什么某些事情一定要那样做。

然而，另外一些时候，你还需要稍微懂些技巧，主要是为了引导你的宝贝按规矩行事。这本书会给你提供一些基本做法。

这本书会给你提供所有需要的方法，让你能在任何时间、地点哄孩子去做你希望他们做的事。你会学到一些经典的技巧，像是给点"小贿赂"（给孩子一些选项，让他们觉得自己在掌控局面，而实际上是你在幕后操纵），或是将可怕的活动变成有趣的游戏。你会掌握转移注意力的艺术，会获得久经考验的为人父母的诀窍，这样就可以让孩子在无意识中照你希望地去做。

我们不仅将自己多年来养育孩子时使用的育儿利器写在了这本书中，同时也咨询了许多家长，甚至包括医生，以便能给今天的父母提供一本最理想的育儿方法指导书。这些方法久经时间考验，而且针对每种特定情境，我们都提供了一系列选择，以便你应对不同的时间、地点和孩子。

请好好地使用这本书。把它放在安全的地方，并确保孩子的小手够不着。当你的孩子最终有能力去理智地思考并且学会正确地做事时，就把它交给其他的父母吧（或者最好让你的朋友自己复印一份）。我们这些父母必须要在这场由来已久的战斗中胜出！否则获胜的就会是那群小鬼！

戴维和詹姆斯

梳洗妙计

如何

哄孩子乖乖梳头

不是有一句不经之谈说睡前要梳 100 下头吗？是的。不过在孩子上学之前，大部分父母或许只能愉快地给孩子们梳 10 下吧。乱蓬蓬的发型对于青少年来说可能挺时髦的，但是对于一个 3 岁的孩子也是这样吗？

准备工作

- K.I.S.S. 原则（Keep It Short，Stupid），即让它简单明了。如果你的孩子确实觉得梳头很难受，那么让梳头越简单越好。

- 每隔一天用儿童专用的洗发液和护发素给孩子洗头。尽量减少洗头过程中的干扰，先放洗发液，再放护发素，最后一遍冲洗干净。这样能使你更好地驾驭这件事。

- 如果孩子的头发是自来卷的，那么每周洗两三次就可以了。

- 使用防打结喷雾以减少头发打结的情况。

- 寻求专业意见。问一问理发师哪种类型的梳子最适合你的孩子。

基本方法

- 在孩子淋浴或泡澡的空当给他梳头发，不要拖延，否则会更费劲。

- 从打结的地方的底端梳起，然后慢慢地往上梳。这样会最大限度地减少不舒服的感觉。握住打结部位上方的头发，这样就不会拽到孩子的头皮了。

- 如果孩子喜欢在头发上绑特殊的发带和发夹，可以用这些饰品来激励孩子梳头。和你的女儿说你会把她打扮得像公主一样，或是打扮成她最喜爱的人物，又或是一个总是爱戴发夹的朋友。

- 可以在孩子看电视或者电脑时给他梳头；在你的另一半给孩子大声读故事时给孩子梳头会更好。如果孩子的注意力被分散了，他们就不太会喊疼。

直接、简短地"哄"

"想不想一边看电视或视频，一边梳头呢？"

"你希望直接梳干爽的头发还是在梳之前先用喷壶润湿头发呢？"

"你更喜欢自己梳头发还是让我帮你呢？"

梳头，小宝贝

和着《安静，小宝贝》(*Hush Little Baby*)的节奏唱：

梳头，小宝贝，不要乱动哦，
妈妈会把你头发打的结都梳开。

如果还是梳不开，
我们就数（梳）到一。

如果还是梳不开，
我们就数（梳）到二。

如果数（梳）到二还不行，
我们就数（梳）到三。

如果数（梳）到三还不行，
我们就数（梳）到四。

如果头发还打结，
我们就数（梳）到五。

如果要把头发扎起来，
我们就要数（梳）到六啦。

（一直这样编下去，直到梳好头发）

家长游戏

寻找打结巫婆

和孩子一起假装在寻找一个坏脾气的、住在宝宝头发里的"打结"巫婆。找到这个巫婆，然后通过梳头发的方式把她赶跑，同时和孩子说："巫婆跑啦，跑到另一边了。好，再梳梳这边，要把巫婆找到！"这样孩子就会很高兴，而且头发也梳好了。（在这个游戏里，"巫婆"可以替换成其他目标，例如：老鼠、兔子等等）

如果他们对着干

让孩子自己梳头发。和周围的每个人说你的孩子有多独立，而且祈祷这一方法奏效。就像一句古老的格言说的那样：他们不会不梳头就动身去大学的。或许他们会不梳头就去，但那也是为了时尚。

如何

哄孩子刷牙

　　孩子应该和我们大人一样经常刷牙，一天要刷两次。当然对孩子们来讲，这事说起来容易做起来难。孩子们直到 5 岁才有能力（或者耐心）自己刷牙。（大部分情况下他们都没有这个耐心）。但牙是必须刷的，毕竟口臭和蛀牙对两岁的孩子来说并不是一件好事。

准备工作

- 要让孩子乐于刷牙，就要提前进行准备。当他们还是个磨牙的小婴儿时，你就要开始这项准备工作。你在刷牙的时候要尽量做到大张旗鼓——让小家伙在你的牙刷上挤上牙膏，并且由衷地感叹这种新鲜的薄荷味有多棒。

- 如果你的牙医对小孩子很友善（这一点很重要），那你看牙时可以带上你家宝贝。但是如果你牙疼得很厉害，或者看牙医时感到很紧张，那么还是把孩子交给别人代为照看比较好。

- 要让你的孩子自己拿起牙刷和牙膏刷牙。市面上针对孩子的产品（各种印有卡通形象的牙刷和气味香甜的儿童牙膏）有时能满足你的需求。

基本方法

- 扮成牙科椅。将身体向后仰，弯下身子，然后把孩子的后背贴在你的胸口，躺在你的身体上。再扮演牙医，给孩子检查他漂亮的牙齿，同时帮孩子把牙刷了。

- 让孩子给他最喜欢的玩具示范该怎么样刷牙。通过这个玩具给孩子鼓励。例如，甜饼怪（动画人物）会说："我想要刷牙，可是我不知道要怎么刷。谁能告诉我该怎么做？"向甜饼怪示范如何给孩子刷牙，然后让孩子给甜饼怪刷牙。

- 假装牙刷是电动的，即便孩子的牙刷不是电动的。打开牙刷的"开关"，刷牙的时候制造出嗡嗡的声音。

- 不要说你在给宝贝刷牙，而说你在给他的牙齿涂颜色。问问孩子他希望自己的牙齿变成什么颜色，然后就假装给他的牙齿涂上了他想要的颜色。

- 跟孩子说牙刷是一个人物，比如：板牙（动画人物）、小刷子林博或布兰刷·斯皮尔斯[①]。用怪怪的声音和小家伙说："板牙想要去看看你的嘴里到底有什么。"这看起来似乎有些可笑，不过能起作用。

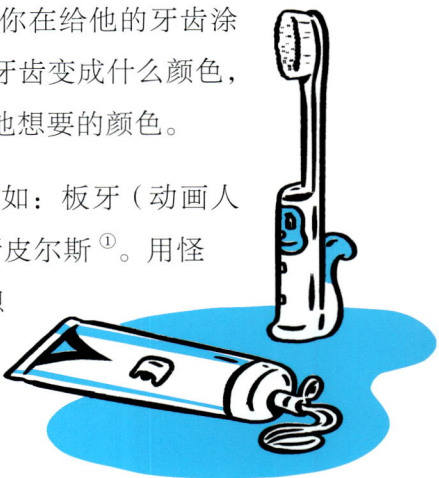

---

① 原文分别为 Brush Limbaugh 和 Bristley Spears，与美国名人拉什·林博（Rush Limbaugh）、"小甜甜"布兰妮（Britney Spears）写法相似，"Brush"与"Bristle"的含义分别是刷子和刷子的毛，这里是一个小小的文字游戏。——编者注

- 不要说牙膏，把它叫作神奇的许愿膏。告诉孩子刷牙的时候可以许一个愿望。

直接、简短地"哄"

"宝贝，是想让我给你刷牙呢，还是想自己先刷一遍，然后再让我给你刷一遍呢？"

"想不想和我比赛，看看谁刷的时间最长？"

"宝贝，想让我给你先刷上面的牙还是下面的？"

小牙刷，刷刷刷

和着《一个老爷爷》（*This Old Man*）的节奏唱：

刷刷上，
刷刷下，
刷刷牙，
一、二、三，走！

小牙刷，刷刷刷，
上刷刷，下刷刷，
快快刷，慢慢刷，
刷得健康，
宝贝都知道。

小牙刷，刷刷刷，

上刷刷，下刷刷，

嘻刷刷，闹刷刷，

正面朝上，

正面朝下。

小牙刷，刷刷刷，

上刷刷，下刷刷。

家长游戏

找老鼠

和孩子说，你要找到"牙齿老鼠"或是动物园里跑出来的动物、走丢的公主、害羞的龙，或是其他可以引起孩子遐想的东西。把牙刷当成工具，在宝宝的嘴里搜寻这些东西，并且给搜寻的地方起上名字，诸如：山洞、角落、城堡里的房间。就这样一直讲下去，直到把牙齿刷干净了。

如果他们对着干

那就给专业人士打电话。拨打专线或寻求面对面的讲解，让牙医给孩子解释一下刷牙的重要性以及不刷牙会引起的后果。还可以使用视频工具对孩子进行引导和教育。

如何

哄孩子盥洗

　　所有医生都认同，经常盥洗是防止感冒、流感以及其他病毒感染孩子（或你的家人）的主要方法。这也是阻止孩子的手印儿和巧克力冰激凌出现在家具上的唯一有效方法。

准备工作

- 让洗手成为一种习惯。一个每天都要洗好几遍手的孩子如果忘记了洗手，会感觉到不舒服，并自发地想要洗手。对于有些孩子来说，养成这种习惯可能要花几个月；而对于其他的孩子来说，可能只需要几周，所以从长远来看，这一努力是很值得的。

- 为孩子树立榜样。如果你走进浴室而不洗澡，那么你的孩子就会注意到这点，并且会认为他也可以这么做。

- 尽可能让孩子自己洗手，父母最后帮忙擦干就可以了。

- 给孩子买一个专属的洗手梯凳。让孩子自己把这个凳子拿到洗手台那边去洗手，并且大加渲染他能自己洗手有多么了不起。

- 外出的时候要随身携带便携湿纸巾或免洗洗手液。

- 让孩子自己挑选他的香皂和专用毛巾。

基本方法

- 把盥洗的过程变成玩水的游戏。杯子、碗，甚至是浴缸玩具都可以让盥洗这一过程变得更有趣。

- 用可清洗的记号笔在孩子手上画一个笑脸或有趣的图案，然后让孩子去把它们洗掉。一句"快把妖怪洗掉喽"总是会起作用的。

- 播放一首孩子最喜欢的歌曲，然后和孩子说你想知道他能否在这首歌结束之前快速地洗完。

- 买一块看起来像动物（通常是鸭子或鱼）的毛巾，把洗澡变成一场木偶剧——毕竟没有小孩会拒绝让唐老鸭给自己洗澡。

直接、简短地"哄"

"你想在水槽里洗手，还是让我给你拿毛巾过来？"

"你想用洗手液还是香皂？"

"你想用热水洗还是用凉水洗？"

我们这样洗手

和着《我们绕过桑树丛》(*Here We Go' Round the Mulberry Bush*)的节奏唱：

我们这样卷起袖子，	上完厕所之后(吃晚饭之前)，
卷起袖子，卷起袖子，	我们这样搓搓手。
上完厕所之后(吃晚饭之前)，	我们这样冲冲手，
我们这样卷起袖子。	冲冲手，冲冲手，
我们这样打香皂，	上完厕所之后(吃晚饭之前)，
打香皂，打香皂，	我们这样冲冲手。
上完厕所之后(吃晚饭之前)，	我们这样擦干手，
我们这样打香皂。	擦干手，擦干手，
我们这样搓搓手，	上完厕所之后(吃晚饭之前)，
搓搓手，搓搓手，	我们这样擦干手。

如果他们对着干

那就告诉他们有细菌。给他们讲解基本卫生常识，告诉他们在外面动过的每样东西上都有细菌，可能会让他们得病。让孩子们明白他们的手真的会变得很脏。

如何

哄孩子剪头发

　　大部分孩子都害怕剪头发，因为他们认为剪头发时会疼，这样想想，你还会去责备他们吗？你要知道，当一个陌生人拿着剪子朝你的头"袭来"时，你也会害怕的。更何况剪头发时还需要在某个地方一动不动地坐上 10~30 分钟。那么怎样才能让你的"小摇滚明星"同意去理发店 ① 呢？

准备工作

- 当你准备去剪头发时，告诉孩子。这种方法可以巧妙地告诉孩子剪头发是大人和小孩都会去做的事情。如果能让他和你一起去看看剪头发是怎样一回事，以及剪头发并不疼就更好了。

- 找一个擅长和孩子打交道的理发师。他会拿出许多玩具、和孩子做游戏或想出别的娱乐项目。

- 不要说你要去理发师那里，问清楚理发师的名字，和孩子说你要去你的朋友家，并且直呼理发师的名字。

---

① 　原文是维达·沙宣，享誉国际的发型设计大师、沙宣品牌创始人，开设有同名发廊，此处泛指。——译者注

基本方法

- 你可以自己给孩子剪头发。在厨房里搭起一个"理发店"或"美发沙龙"，让孩子进来预约，并且让孩子用代币支付理发费用和小费（也可以让他使用真钱）。在理发店里播放孩子们喜欢的、有趣的音乐。音乐可以让孩子自己选。允许孩子自己用喷雾瓶弄湿头发（如果他把你也喷湿了，千万别斥责他）。剪头发的时候和孩子聊天，讲笑话，问问题。慢慢地剪，不要剪得太粗暴。一开始先整理头发，开始剪了之后，要反复地表扬孩子"真的长大了"，并且在朋友们和邻居面前也要这么说。总之，要以某种方式来庆祝孩子的这项进步。

- 寻求另外一个大人或孩子的哥哥姐姐的帮助。使用先前提到的策略，但是要将孩子固定住。剪头发时，孩子可以坐在大人或哥哥姐姐的大腿上，或者高脚椅子上。

- 剪头发时，可以播放他们爱看的视频，或者是给他们吃零食（注意：零食有可能会粘在头发上）。给孩子剪头发要快，并且不要期望一次就能剪完，它可能用掉你一个星期呢。

剪头发真有趣

和着《太阳出来了》（*Here Comes the Sun*）的节奏唱：

剪头发真有趣，亲爱的，

剪头发真有趣，我说没问题的，
亲爱的，头发长得我都看不见你了，
亲爱的，好像有好几个月都没剪头发了。

剪头发真有趣，亲爱的，
剪头发真有趣，我说没问题的。

亲爱的，你知道剪头发不会受伤的，
亲爱的，你知道你的妈妈（爸爸）陪着你。

剪头发真有趣，亲爱的，
剪头发真有趣，我说没问题的。

头发，头发，剪头发真有趣，
头发，头发，剪头发真有趣。

直接、简短地"哄"

"剪头发的时候，你想坐着还是站着？"

"剪头发的时候，想让我给你读书还是讲故事呢？"

"想让叔叔／阿姨给你喷湿头发还是直接洗头？"

家长游戏

开个理发店

在要剪头发之前的两个星期里，就要开始想办法让孩子慢慢放下对剪头发的戒心。告诉孩子他的娃娃该换个新发型了。巧妙地说一些这样的话：如果芭比①剪个时下最流行的发型会不会更好看呢？大兵乔②的刘海是不是太长了呢？用积木或雪糕棍儿搭一个小的理发椅子，把娃娃放在上面，向孩子演示怎样把娃娃的头发弄湿，假装用剪子给娃娃剪头发，然后让娃娃给孩子钱以表示感谢。不断地说剪完头发的娃娃看起来有多棒，并且替娃娃预约下一次理发时间。父母在吃饭、睡前或者开车时都要提起剪头发的事，并且提醒孩子剪头发是件好事。

等到真的要剪头发时，就要使尽浑身解数了。告诉孩子要进行剪头发的角色扮演，但是不要告诉他头发真的会被剪掉。在孩子真的去理发之前，打消他的恐惧和焦虑心理，也就是要让孩子经历剪头发的每一步。你坐在椅子上，给孩子一个水瓶，让他弄湿你的头发，然后让孩子用手指头给你剪头发。（注意不要给孩子真正的剪刀，因为孩子如果看到头发真的被剪下来，就会感到害怕，那时候这个方法就不管用了）。剪头发时大人要始终保持微笑，并且之后要向孩子支付理发费用和额外的小费，加入"付钱"这个要素后，这件事很容易变得有趣起来。

---

① Barbie 一种人偶玩具造型是名叫芭比的年轻女郎，有多种外形、职业、服饰可以选择。——编者注
② G.I.Joe，多译为"特种部队"，一种人偶玩具，造型为多兵种的大兵，有多个人物，分属不同阵营。——编者注

如果他们对着干

　　如果这些方法都没用，那就趁孩子睡觉的时候给他剪头发，但是你要记得尽量把床和地毯清扫干净。

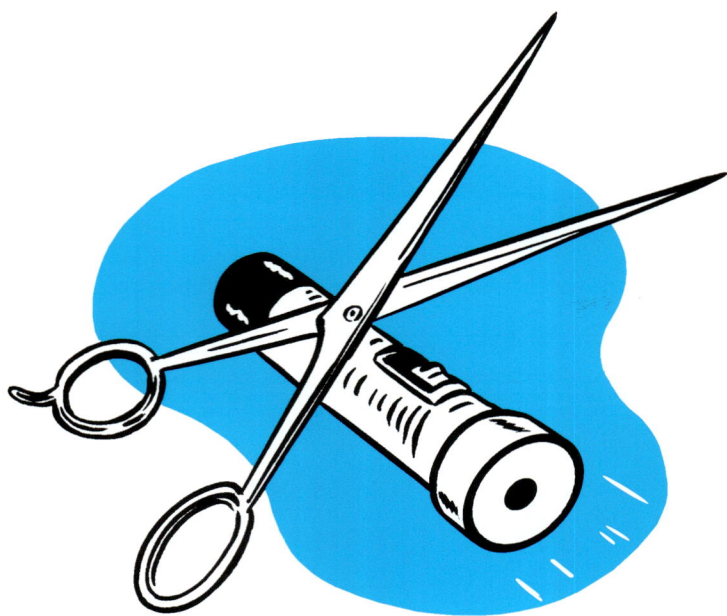

出行妙计

如何

哄孩子穿上衣服

　　或许是因为孩子们更希望拥有掌控感，或许是因为他们不喜欢有东西套在自己头上，不管怎么说，如果处理不好，穿衣服就会变成每天的斗争。

准备工作

- 做出规定：每天早上在你离开他的房间之前，他要自己穿上内衣。

- 引导孩子自己选择今天要穿的衣服，这能使他参与进来。

- 给孩子买容易穿的上衣，比如领口有扣子的或者领子很大的，这样就省去了穿的时候把他的头勒住的麻烦。

- 要确保孩子的衣服合身，要是衣服太小了，孩子们穿起来肯定不舒服。

基本方法

- 把穿衣服变成比赛。"快点！在爸爸看到你之前，咱们赶快穿好衣服！快点！爸爸要过来喽……"或是"让我看看你能不能在我数到 20 之前穿好衣服？"

- 使用软硬兼施的方法说服孩子。你可以说："如果想去动物园、博物馆、玩具店，我们就必须要穿好衣服。"

- 父母要尽可能教孩子自己穿衣服。可以把衣服的照片贴在孩子的衣柜上，这样他就知道衣服分别放在哪里了。

直接、简短地"哄"

"宝贝想穿这件外套还是那件呢？"

"你想要先穿裤子还是上衣呢？"

"你想要站着穿衣服还是躺着穿呢？"

穿衣戏法

和着儿歌《变戏法》（*The Hokey Pokey*）的节奏唱：

把右胳膊放进去，

把右胳膊拿出来，

把右胳膊放进去（把孩子的胳膊放进上衣袖子里），

然后你再摇一摇，

变个戏法，自己转个身，

哈！就是这样啦。

（像上边这样用别的身体部位重复儿歌，直到孩子把衣服都穿好了）

把左胳膊放进去（衣服左边的袖子），

把右腿放进去（右边的裤腿），

> 把左腿放进去（左边的裤腿），
> 把右脚放进去（右边袜子和鞋子），
> 把左脚放进去（左边袜子和鞋子），
> 把整个身子都放进去（穿好外套）。

家长游戏

服装店

　　这个受孩子们欢迎的游戏会把穿衣服这件事变成每个人都感兴趣的角色扮演游戏。不用说，父母扮演的是售货员，孩子是顾客。你们可以很灵活地润色或改变措辞。

　　父母：你好，想买衣服吗？

　　孩子：是的。

　　父母：哎呀，你真是来对地方了。让我领你看一下我们店里的衣服吧。（拿出两件衬衫）我们今天出售这两件可爱的衬衫，您喜欢哪件呢？（让孩子选一件）这件很不错呢，让我们看看合不合适呀。（给孩子穿上衬衣，然后把他带到镜子前面让他看看怎么样。）好啦，看看我这还有你想要的吗，裤子怎么样？

　　孩子：好的。

　　父母：好的，让我们看看，你想要这件还是那件呢？（拿起两条裤子，让孩子选一条。）好的，来试试看。（给孩子穿上裤子，然后把他领到镜子前，看看效果。）

继续这一游戏直到他把衣服都穿上了，另外最后不要忘了让孩子付钱哦。

如果他们对着干

明确一套流程，并且让孩子坚持照着做。从孩子还小，但可以决定穿什么衣服时就开始，穿好衣服是早上要做的第一件事，然后才能吃早饭，之后他就可以做其他任何事情了。最终孩子会明白穿衣服只是一天开始的一部分，然后就不会那么热衷于和你对抗了。

如何

哄孩子穿着衣服

大家都知道狗一旦被缠上绷带，就会想方设法地把绷带咬掉吧？这也是为什么狗做过手术后，要在头上戴伊丽莎白保护套。当然以这样的方式限制孩子，免得他把穿在身上的衣物脱下来是不现实也不合法的，但是我们的动机还是一样的。就像狗狗一样，孩子们也讨厌那种被束缚的感觉。

准备工作

- 如果你的孩子总是喜欢光着身子，那就给他买不容易脱下来的衣服。带拉链和尼龙粘扣的衣服或许很容易穿上，但也很容易被脱下来。所以父母要买系带的鞋子（最好要打两个结的）、系纽扣的衬衣和外套。父母可以买在胯部以下系纽扣的连体衣。

- 父母要教孩子怎样自己穿衣服，然后还要多多地表扬他，告诉他你是多么为他骄傲，以及他终于长大了，以此来激励孩子。

- 告诉孩子当你们到达目的地时，他必须要穿上他的外套，戴上帽子、手套，不过在到那儿之前，他可以把它们脱下来。这样做可以让孩子答应你的要求，并且使他感觉受到了尊重，从而变得独立。

基本方法

- 在衣服的袖子、手套的手掌部位、帽子顶上，画上或缝上小动物的脸的图案，最好是孩子们最熟悉的那些。如果衣物看起来不仅仅是衣物而且还是他们的一个朋友，孩子们就会更喜欢穿着这样的衣物了。

- 同样地，以动物为主题的帽子、外套和手套也比常规的衣物更有效果。

- 一件温暖的毛茸茸的万圣节服装偶尔可以代替孩子们不太喜欢的皮制大衣。孩子往往更喜欢穿着他的狮子外套或是戴着他的猫帽子。

- 如果孩子讨厌戴帽子，那就让他试试戴耳套，耳套戴起来更舒服一些。尽管不如帽子保暖，但也不至于让耳朵冻着，而且耳套使用的一般都是鸭子、笨笨熊或企鹅的形象，也比较讨孩子们喜欢。

直接、简短地"哄"

"你是想戴这顶帽子还是那顶呢？"

"你是想戴分指手套还是连指手套呢？"

"你是想先穿外套还是先戴帽子呢？"

穿上外套

和着歌曲《穿上里兹》（*Putting On the Ritz*）的节奏唱：

当天气变冷，

你想出去，

出去玩，

像山羊一样跑跳的时候，

穿上外套。

当手太冷，

在裤子外面，

受不了，

你就需要一些温暖和爱，

戴上手套。

尽管你认为光着身子很有趣，

但你不希望像兔子一样暖和吗？

暖和起来，

如果爸爸和妈妈说：

"不行！

不能这样出去！"

戴上帽子。

如果他们对着干

即便孩子不愿意配合你，在冬天父母至少也要给孩子穿三层衣服。这样即使脱了外套，孩子也还穿着两层衣服。记住要让孩子穿上保暖内衣和长保暖裤。

如何

哄孩子赶快行动

有时孩子们是因为玩得太尽兴了，所以不愿意走（例如：在你头顶放个水壶，然后绕着你跑对他们来说很有趣）。有时则是因为累了而不愿意再多走一步，这时孩子就会变得没精打采的。无论是什么样的情况，对父母来说要让孩子赶快行动起来往往都挺费力气的，无论是让他们出远门还是到街区去。

准备工作

- 如果你要启程去某个地方，最好提前告诉孩子，而且至少提前一两个小时，让他做好心理准备。另外，在你准备好出发之前的几分钟，提醒一下孩子。

- 在你出去的时候，让孩子给你帮忙拿东西，这样会让他注意到你出门了。

- 无论你要去哪里，都要大声说出来。例如，你可以说：

"我想知道我们去奶奶家时，能否在路上看到彩虹呢？"
（说反话也会起作用，你可以说："但愿到那之前，他们别
把冰激凌吃光了，你知道我们可能会花很长时间呢。"）

基本方法

• 传统游戏"我要赶上你了"尤其适用于这种情况。和孩子说：
"准备好了吗？开始喽！"然后就开始跑，并且要让孩子追上
你，然后再一次向他发起挑战，直到你们到达目的地。

• 上面这个比赛还可以换成"在我唱完这首 ABC 歌之前，
你能走到那个地方去吗？"

• 留意一路上的标志性建筑或景点，然后饶有兴致地把它们
指出来，以激励孩子继续往前走："快看！大马的雕塑哦！
是一只鸭子啊！是鲍勃·霍普（Bob Hope，美国喜剧演
员）哦！快！让我们过去看看啊！"或是说："快看！我们
马上就要经过前面马路边上的大甜甜圈啦，你看到了吗？"

• 用"追随领导者"或"军乐队"的游戏来转弯和向前进，
不过不要发出"嘣吧"的声音。

直接、简短地"哄"

"你是想快点走还是跑起来？"

"我们走着去还是推车去？"

"我们是并排走还是列队走呢？"

我们要去杂货铺

和着《迈克尔，划船靠岸》(*Michael，Row Your Boat Ashore*)的节奏唱：

> 我们要去杂货铺，
> 哈利路亚。
> 我们要去杂货铺，
> 哈利路亚。
> (可以把杂货铺替换成别的合适的目的地)

家长游戏

家长可以把随意的散步变成捉人游戏，比如"你抓不到我"或"不是这个"。一直往前跑，但开始要注意不要往前跑得太远，否则就没人看着孩子了。孩子会一直试图追上你，你则一直往前跑，一旦孩子赶上你，你就去追他……就这样一直跑到目的地。

如果他们对着干

请记住让孩子出门一般要花上至少比正常人多两倍的时间，所以如果你平时要花15分钟准备，那就把这个时间翻倍，也就是延长到30分钟。

父母要善于利用"把孩子拎起来跑"这一技巧。如果你能笑着做这件事，并且用有趣的方式把他拎起来（例如，让孩子像飞机一样飞，让孩子上下颠倒，或者像背一袋土豆一样把孩子背起来），孩子就会开心起来，尽管一开始他是不愿意被你拖走的。

如何

哄孩子去看医生或牙医

即使动画片和电视节目没有暗示这一点，但是对于孩子来说看医生还是意味着打针、被医生戳、捅或者是和一群生病的孩子待在一起。牙科医生会拿着看起来怪怪的器具朝他们走来，强迫他们张开嘴巴并且让他们坐在令人害怕的椅子上。如果我们能提前做一些准备的话，就可以让看起来很恐怖的事情变成一件趣事。

准备工作

- 约了医生或牙医后，要通知孩子，这能使他们明白看医生是每个人都会做的事情。如果可以的话带着孩子和你一起去，这样他会明白看医生是怎样一回事，然后就不会那么害怕了。

- 尽量去看真正知道如何和小孩打交道的医生或牙医，他们的诊室里一般都会有不少书、玩具和各类游戏。

- 不要把医生称呼为医生，让医生看起来就像是你常拜访的一位朋友。带孩子去看医生时，不要说"我们要去让雅各布斯医生看看啦"，要改成"今天我们去探望一下我们的朋友雅各布斯吧？"

- 尽可能把预约安排在早上，这样看完医生后，不仅能留出更多时间领孩子做些有趣的事，而且也更有可能准时看上病，减少候诊的时间。

基本方法

- 和孩子在家里玩扮演医生或牙科医生的游戏，也可以让孩子与他们的娃娃和动物玩偶玩这个游戏。用玩具听诊器给孩子检查病情，用镜子和牙刷给孩子检查牙齿，然后交换一下，让孩子也为你做同样的事情。

- 先假装给娃娃和动物玩偶打针和喂药，然后再给孩子打针和喂药。如果孩子真的需要打针，就和他解释说打针实际上一点也不疼，就像被捏了一下一样。

- 如果父母有时间，而且孩子也没有生病或并不严重，父母可以在带孩子看过医生之后再计划一次特殊的出行，并以此为"诱饵"。可以说："猜猜今天看完医生后我们还要去哪儿？对了，儿童博物馆！"

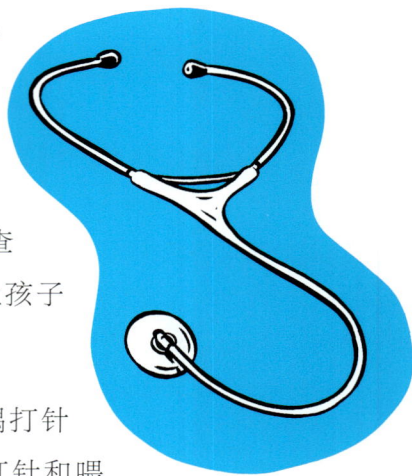

直接、简短地"哄"

"看完医生后，你想吃冰棍儿还是冰激凌？"

"今天你想带哪本书／哪个娃娃／哪个玩具一起去看医生呢？"

"你想向医生要一张贴画还是一个玩具呢？"

"来，数数你长了几颗牙齿了，然后我们去告诉医生怎么样？"

我感觉很好

和着美国灵魂乐教父詹姆斯·布朗（James Brown）的歌曲《我感觉很好》（*I Feel Good*）的节奏。当你和孩子准备好要去看医生或在候诊时，唱这首歌。

我感觉很好，

喔，喔，喔，喔，

但愿医生不会迟到，

喔，喔，喔，喔，

我感觉很好，

喔，喔，喔，喔，

但愿我们不用等待，

喔，喔，喔，喔，

很好！

很好！
一定是我吃了什么，
啦啦啦啦啦啦。

变奏曲：我感觉病了，
喔，喔，喔，喔，
但愿我很快好起来，
喔，喔，喔，喔，

我感觉病了，
喔，喔，喔，喔，
医生有很多妙招，
喔，喔，喔，喔，

病了！
病了！
快点我需要帮助，
啦啦啦啦啦啦。

家长游戏

去看医生（牙医）啦

和经典的走路游戏"我要走喽"一样，"去看医生啦"是一个很棒的游戏，可以在候诊室或去看医生的途中玩。这个游戏可以让父母谈起看病这个话题而不让这件事看起来可怕。

父母可以和孩子说："我们去看医生啦，我们看到了一个_____（在医生办公室看到的某样东西）。"

可以说："我们去医生办公室啦，我们看到了一个_____（由孩子补充）和_____（由父母补充）。"

现在可以让孩子说："我们去看医生啦，我们看到了一个_____（由孩子补充）一个_____（由父母补充）和一个_____（再由孩子补充）。"

一直继续这个游戏直到累了或去就诊了为止。

如果他们对着干

如果你的孩子明显不敢去看医生或牙科医生，不要忽略他的感受，要认同他的担忧，然后把你们的谈话转移到有趣的部分，父母可以说："我知道你害怕去看医生，但是很快就会好的。而且医生会看看你的耳朵里有没有小猫咪？他还会用他的小锤轻轻敲一下你的膝盖呢。"

如何

哄孩子上学

有些孩子每天早上一睡醒都会期待上学。但是如果你的孩子并非如此，那么你就需要克服他身上这种天然的不情愿了。你需要一直谈论学校的时光，让他觉得没有更好的选择了，而且上学是很有趣的事情。

准备工作

- 从孩子醒来那一刻起，父母就要一直谈论学校的事情，而且要以一种很随意的方式谈论，不要过分夸大或不重视，要让孩子觉得上学是一天的一部分。

- 让孩子参与上学的准备工作。孩子穿衣服时，父母可以说："你今天打算穿什么衣服上学呢？"父母也可以让孩子帮忙准备上学要带的午餐或者让孩子决定穿什么样的鞋子或衣服上学。

- 可以让孩子选择带一件特殊的东西或玩具去学校给同学或老师看看。

- 培养特殊的上学和放学流程。早上在孩子离开家之前或者坐上去往学校的班车之前，要和孩子唱上学歌。在上学之前父母可以在咖啡店停下来和孩子一起吃个简单的早餐。放学后可以和孩子一起去公园玩，买个冰激凌或饮料。

- 父母要记住孩子同学的名字，尤其是与孩子经常一起玩耍的伙伴的名字，这会在上学的准备工作中起到作用的。

基本方法

- 了解孩子每周的时间安排，然后可以和孩子好好谈论他在学校每天做的事情。要和孩子说："今天真是很特别的一天啊，有美术课、音乐课、烹饪课、故事课呢！"只要你用强调的语气说，孩子就会感觉很兴奋。

- 父母要告诉孩子对于每个上学的孩子来说，这一天都是特殊的许愿日，当放学后你去接他时，他可以许一个愿望，并得到任何他想要的东西。

- 父母带孩子一起去买上学用品，包括午饭饭盒、背包、新衣服等等。让孩子选择他喜欢的，但是要告诉孩子他只能在上学时用这些东西。通常一个艾摩①午饭盒或朵拉②的背包就能勾起孩子的兴趣。

- 让孩子帮忙制作一张记录上学路线的特制地图。把地图放在特定的地方，然后当孩子要上学时，和孩子说"别忘了你的地图"，而且告诉孩子你需要他帮你指路。

直接、简短地"哄"

"今天午饭想带意大利面还是三明治？"

"今天想要走平常的路去学校还是走小路？"

"今天上学想穿红外套还是蓝外套？"

今天是上学日

和着歌曲《两只老虎》（*Frère Jacques*）的节奏唱：

今天周一，
今天周一，
一整天，
一整天。
周一是上学日，
周一是上学日，
一整天，
一整天。

然后一直重复一周中别的日子，每天用不同的日子替换。

---

① 美国儿童节目《芝麻街》中的人物。——编者注
② 美国动画片《爱探险的朵拉》（*Dora The Explorer*）的主角。——编者注

家长游戏

告诉孩子，在去学校的路上你们要玩"发出声音"的游戏。这个游戏可以在车里玩，也可以走路时玩。

1.定好在去学校的路上孩子需要发出多少种声音，总体来说大约应该一分钟换一种声音。

2.游戏开始时要说："我听到了××的声音，请发出这个声音。"

3.当孩子在思考的时候，孩子要哼出正在思考的声音，如果不知道游戏《危险边缘》（*Jeopardy*）的曲调，也可以尝试唱ABC字母歌。

4.必要的时候可以重复。

5.要给孩子记分，并且好好表扬他。

如果他们对着干

- 如果你的孩子确实很抵触上学，有可能是因为他感到上学很无聊，或者害怕、焦虑。尽量弄明白这其中的主要原因而不是只看表面现象。

- 父母要确保孩子吃饱睡好，因为低能量会让离家上学变得很难。父母也可以考虑在孩子的日常早餐里加入维生素。

如何

哄孩子涂抹防晒霜

　　阳光明媚，你和孩子要出去享受这美好的一天，不过你家的小天使嘴巴里突然蹦出一句"不想抹防晒霜"。紧接着你就得对小家伙穷追猛打，这个过程是挺难的，但是在你们出门之前，孩子必须要涂上防晒霜。在全身防晒喷雾或防晒药丸问世之前，父母还得用手给孩子涂抹防晒霜。

准备工作

- 首先而且最重要的就是，要让孩子知道这件事情没有商量的余地。如果他非要有个选择权的话，他可以选择首先在哪个部位涂抹防晒霜，只要在阳光明媚的时候出门，他就必须涂防晒霜。

- 在你们到达目的地之前，父母就要开始计划涂抹防晒霜了，最好是在你们都穿戴整齐或准备出门之前。这样沙子或灰尘就不会被覆盖到防晒霜下面了，而且如果提前半小时涂抹防晒霜的话，防晒霜会吸收得更好，防晒效果也更好。

- 父母可以利用电视的作用。大部分孩子在看喜欢的儿童节目时，一般都不会注意到你对他们做了什么。

- 让孩子自己涂抹防晒霜，父母可以在一旁帮忙。

- 如果你们要去海滩，而且手头上的防晒霜又比较难涂抹，可以考虑买防紫外线的防晒衣，这样的话，就只剩下脸、手和脚需要涂抹防晒霜了。

- 父母要尽量避免把防晒霜弄进孩子的眼睛里。否则孩子会感到眼睛里非常疼，而且以后你一拿起那个瓶子，就会引起条件反射。所以，在涂抹防晒霜时父母应该让孩子用纸巾或毛巾盖上眼睛。

基本方法

- 不要和孩子说这是防晒霜，告诉孩子这是"魔法霜"，可以起到"魔法盾"的作用，能帮助孩子抵挡太阳。

- 假装防晒霜在其他方面对孩子也有好处，譬如可以让孩子游泳游得更好，可以让孩子完全隐身，可以让孩子变得异常强壮或者拥有某种力量。

- 如果你使用的是白色的防晒霜，并需要一些时间进行涂抹，父母可以把这一过程变成一项在孩子身上进行的绘画工程。在孩子的腹部抹上一些乳液，但是不要完全抹上，在完全涂抹好之前，你可以用手指一点点地涂抹，同时寻求孩子的帮助。

- 如果条件允许，父母可以利用自然动力，你可以说："涂好防晒霜后，我们就可以去海滩了。"如果你们的目的地对于孩子来说不是很理想，你就有必要创造一个非自然动力。父母可以说："涂上防晒霜，你就可以选择在车上听的音乐或在我们去之前看一会儿故事书。"

• 可以买一个毛巾材质的布袋木偶（在大部分的商场或百货公司里都能买到），用这个布袋木偶来装防晒霜。让一只小鸭子来给孩子涂乳液终究要比父母涂有趣得多。

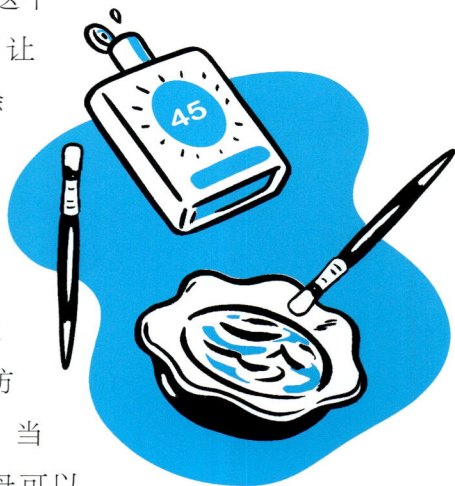

• 去海边或去野餐时随身携带笔刷和小碗，让孩子自己用笔刷沾着防晒乳液刷在自己身上，当孩子在刷乳液时，父母可以帮他抹匀。

直接、简短地"哄"

"想让妈妈还是爸爸帮你抹防晒霜呢？"

"想抹粉色的乳液还是绿色的乳液呢？"

"我们是从脚趾开始抹还是从鼻子开始呢？"

"在你肚子上抹个小老虎还是大鲨鱼呢？"

咚，咚，咚

和着儿歌《搓啊搓，浴盆里有三人》(*Rub a Dub Dub, Three Men in a Tub*)的节奏唱：

咚，咚，咚，
我们擦乳液，
把乳液擦到谁身上呢？
擦到你身上吧！
咚，咚，咚，
我们擦乳液，
直到擦光光。

家长游戏

涂乳液比赛

两个大人和两个孩子来玩这个游戏，两组来比赛看看哪组涂防晒霜涂得又快又好。如果只有一个大人或一个孩子，那就让孩子做自己的榜样。父母可以说："来，看看你能不能打破自己的纪录呢？"也可以让孩子大声地倒计时。

如果他们对着干

- 父母可以利用孩子理智的一面和孩子天生的自我保护欲望，去和孩子解释阳光的负面影响，并且把焦点放在晒伤后的疼痛上。

- 当孩子还在车里或者还在手推车里的时候给他涂抹防晒霜，这一方法不是很理想，不过却可以让孩子涂上防晒霜。

附赠曲目

润滑胳膊

和着儿歌《划，划，划小船》(*Row，Row，Row Your Boat*) 的节奏唱：

> 润滑，润滑，润滑胳膊（腿），
> 用乳液让它变滑，
> 快快涂上防晒霜，
> 在阳光下就安全了。

礼仪妙计

如何

哄孩子见陌生人

　　有些孩子见到生人可能会害怕，主要是因为他们特别害羞。当一位友善的大人想问候你的孩子，平时看起来礼貌和善的孩子却躲在你的腿后时，你当然会感到很尴尬。

准备工作

- 如果可能的话，当父母知道有客人将要来访时，要提前和孩子说，好让孩子有个准备。父母可以给孩子看客人的照片并且向孩子讲一下客人的情况。

- 父母可以花时间和孩子模拟一下遇见陌生人的情景。你可以扮演孩子，并由孩子来扮演陌生人。

- 父母要降低期望值。如果进行眼神交流对于孩子来说很难的话，那就让他在打招呼时看着对方脸的其他部位。

基本方法

- 父母可以装作自己很害羞，藏在孩子的身后而不是让他藏在你的身后。这种荒谬十足的场面应该会让孩子大笑起来，这样僵局就被打破了。

- 提前和客人沟通，让他在第一次见面时给孩子一些空间。

如果孩子有最喜欢吃的食物或想要的特别的礼物，可以让客人把这些东西拿给孩子。

直接、简短地"哄"

"你想要说哈喽（Hello）还是哈罗（Halo）？"

"你想要握握手还是握握脚呢？"

"你想要问客人的名字还是他的年龄呢？"

遇见生人

和着儿歌《如果高兴，你就拍拍手》（*When You're Happy and You Know It*）的节奏唱。可以和孩子提前唱这首儿歌，而且如果必要的话，在任何全新的社交场合下都可以唱。

> 遇见生人，你就说哈喽，
> 哈喽！
> 遇见生人，你就说哈喽，
> 哈喽！
> 当你遇见生人，
> 并且他们对你很好，
> 遇见生人，你就说哈喽，
> 哈喽！
>
> 如果_____来我们家，你就去拥抱，
> （拥抱）

如果_____来我们家，你就去拥抱，

（拥抱）

我们给_____一个大大的拥抱，

因为他有很多的爱，

如果_____来我们家，你就去拥抱。

（拥抱）

家长游戏

"哈喽日"

和孩子一起玩这个游戏，不仅会帮助孩子变得更外向，而且能教会他别的语言。每天早上，使用下面的表格让你的孩子决定这一天是怎样的"哈喽日"（当然父母也可以自己进行整理研究）。

孩子的目的就是在一天之中用那一天的语言和尽可能多的人说"哈喽"。

Hola	西班牙语
Bonjour	法语
Buon Giorno	意大利语
Guten Tag	德语
Shalom	希伯来语
你好	汉语

如果他们对着干

当你们离开现场之后，父母要和孩子促膝谈心，告诉孩子你知道与生人见面对于他来说很难，所以你不会介意的。但是你希望他能明白该怎么做，以及希望他下一次再遇见生人的时候能努力尝试一下。要求孩子和你说一件他希望下次努力能做到的事情，不论是说"哈喽"、和生人握手或是不再躲起来。

注意事项

千万不要强迫孩子去和他不认识或不愿相处的人亲吻或拥抱。如何让父母的朋友某某阿姨感觉舒服对孩子来说是需要在生活中慢慢学习的，而不应该是由父母的欲望控制的。

如何

哄孩子放你走

　　你和爱人已经制订好计划，要出去一个晚上，现在就必须上演"大逃亡"了。要想干净利落地离开，关键是要提前让孩子做好准备并且提前做好你的离开计划。

准备工作

- 要让孩子提前知道你打算什么时候出门。父母可以使用看得见的事物来帮助孩子在心理和情感上为你的外出做准备。可以给他看日历，做一个倒计时表或者使用一个纸环链（每天都拿走一个纸环）。孩子的个性，之前有没有离开看护人的经历以及年龄都会决定父母需要提前多久让孩子知道这件事。有些孩子可能会对太长时间的分享感到焦虑，而有些孩子则需要足够的时间去准备。

- 可以让邻居的孩子或父母跟孩子说说和保姆单独待在家里有哪些好处，让孩子感觉这一经历是再正常不过的了。

- 确保孩子知道谁会来照看他。在你离开之前孩子最好能和临时看护者相处一段时间。

- 让孩子确切地知道他和照看他的人会做些什么事，譬如：

"晚饭后，阿姨会给你讲故事，帮你刷牙，然后让你上床睡觉。"

- 让孩子知道你会在什么时间通过什么方式和他说再见，譬如："讲完一个故事、拥抱了之后，我们就会离开。"这其中最重要的一点是父母务必说到做到。如果父母徘徊不定或屈从于再讲一个故事，那么孩子就会认为你不是很愿意离开；尽管你可能真的不愿离开，不过如果你想按计划进行的话，就不要把这种心情表现出来。

- 给保姆写下说明和联系电话，如果有问题可以通过电话解决而不是让你亲自跑回一趟。

基本方法

- 趁孩子不注意或是玩得很高兴的时候离开，譬如：当孩子在和保姆玩、看电视、看书或是跳舞时。父母可以准备一个新玩具或视频，让保姆来转移孩子的注意力。

- 父母离开时务必是快乐自信的，务必迅速。不要犹豫或看起来有些难过，就只是轻快地和孩子说再见，告诉孩子要玩得愉快并且提醒他你会晚一些回来。

- 提前把你需要的东西（包括钥匙、钱包、保龄球）放在门口或放在车里，以便你可以利索地离开。

- 编一个故事，内容是一个小孩的父母晚上出去了。和你的孩子描述一下这个孩子一开始挺难过甚至还有点害怕，不过后来就和保姆玩得很好了。父母要详细地说说这个小孩和保姆在一起做的事情，以及这些事情是多么有趣。结尾别忘了强调：正如他们所说的，这个小孩的父母后来准时回来了，看着熟睡的小孩，在他的脸颊上吻了一下，然后去睡了。

直接、简短地"哄"

"某某阿姨今天晚上会来吃晚饭，所以晚饭你可以选点特别的，你想要吃什么呢？"

"我和妈妈很快就要出门了，但是在这之前我们可以给你讲一个故事或和你一起玩一个游戏，你想要做哪一个呢？"

"宝贝，想要和妈妈吻别还是拥抱呢？"

再见，妈妈

和着歌曲《晚安，女士》（*Goodnight，Ladies*）的节奏，当你拥抱你的孩子和他们说再见的时候，唱这首道别歌。

再见，妈妈，

再见，爸爸，

再见，爸妈，

我会在梦里梦见你们。

家长游戏

挥手游戏

当你穿好外套并且和孩子拥抱之后，就通过这个挥手游戏让你的离开变得有趣。简单一点儿说就是当你往门口走的时候，做些有趣的挥手动作，然后让孩子去模仿，记住每次离开做的挥手姿势不要超过三个，否则你就会徘徊得太久。

父母可以尝试的挥手方式：

- 在双腿之间挥手。

- 在头顶挥手。

- 把大拇指勾起来，让手指像鸟儿一样拍动。

- 双手手掌合起来，然后一张一合，就像短吻鳄一样。

- 1、2、3、4、5 个手指依次挥动。

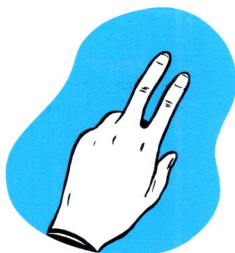

如果他们对着干

无论如何都要出去玩得开心，让保姆来安慰孩子，孩子最后一定会镇定下来的。另外，你是需要出去放松一下的。而且如果你能玩得高兴一些的话，孩子们会更高兴的。

如何

哄孩子和家人
或朋友一起睡

到了某个时间段，父母需要的不仅是出去吃个晚饭和看个电影了。此时的你们需要离开孩子度过休闲时光，你们需要给自己放个假了。无论是想让孩子和其他家人待在一起，还是去别人家过夜，都要让孩子做足准备，并且让他在你们离开的时光里能够过得特别而有趣。

准备工作

- 告诉孩子他可以和看护他的人做的一些特别的事情。譬如：一起去动物园，烤饼干或者别的对于孩子来说很特别的事情。

- 告诉孩子你会打电话过来的确切时间，而且要说到做到。要让孩子知道看护他的人与你保持着联系。

- 如果孩子要在外过夜，帮他把所有必需品打包好，这样他就知道他最喜爱的杯子和别的能安慰他的东西会一直陪在他身边了。确保孩子要前往过夜的地方也有其他相似的基本物品，譬如：一样的牛奶或果汁，孩子最喜爱的水果和零食，以及一些仅仅在特殊场合才允许孩子吃的食物。

- 尽可能多地让孩子参与打包的过程，让孩子选择他最喜欢的衣服和玩具。

- 在孩子的手提箱里放一个小相册，让孩子在需要时能看到自己的父母。

- 在孩子的帮助下，做一本入睡书，里面包含父母离开后要发生的事情，包括孩子的临时看护者的照片、孩子要待的地方以及孩子要做的事情。也可以让孩子在这本书上画画，并在你离开之前的几个晚上都看这本书。这样在得知你会离开的时候，孩子就会很清楚接下来会发生什么了。

- 制作一个睡前表格，孩子可以在上面记录距离这次旅行结束还有多少天。

父母可以给孩子一些贴纸或书签来充当倒计时工具——每天睡前扣除一只。孩子也可以把这个东西当作一个剪贴簿，以此记录他和看护人一起度过的日子。

基本方法

- 在睡前准备、食物和其他非安全问题方面给祖父母和保姆一些"特权"，确保他们可以随时额外播放一集孩子最喜欢的节目，确保孩子可以在自己的小房间里吃晚饭，或者比平时晚点睡觉，这样能使这次经历更愉快。

- 父母可以贿赂一下孩子，譬如：可以买一个礼物，包装一下然后放进孩子的手提箱，给孩子看一下这个包装好的礼物，并且告诉他到达目的地后才可以打开礼物。

直接、简短地"哄"

"想要一起带上你的泰迪熊和小兔兔吗？"

"你想要带上哪条毯子？"

"想让我在你早上起床后还是晚上睡觉前打电话？"

"在我离开的日子里，你有什么特别想吃的食物吗？"

我们要在外过夜

和着歌曲《我们要去猎狮子》（*We're Going on a Lion Hunt*）的节奏唱：

我们要在外过夜，

我们会玩得很愉快，

我是如此高兴，

真是太棒了！

我们会在奶奶家睡觉，
我们会玩很多新游戏，
我是如此高兴，
真是太棒了！

我会带上我的泰迪熊，
我会带上我的特种兵，
我是如此高兴，
真是太棒了！

如果他们对着干

即使是做了最好的准备，当父母离开时，大部分孩子都会非常难过，而且会尽全力留住父母。所以父母要多多地拥抱并且亲吻他们，要再三强调他们会过得很快乐，而且让他们知道你们会一直保持联系的，之后离开就可以了。

如何

哄孩子安静地坐好

　　小孩的注意力极限一般是 15 分钟左右，所以参与的活动超过 15 分钟时，他们就极有可能坐不住了。如果这是孩子的天性，不难想象遇到确实不喜欢或不感兴趣的活动时，他们肯定会坐不住的。

准备工作

- 如果你带孩子去了一个没有书籍、笔、蜡笔或小的无声玩具的地方，就别要求孩子安静地站或坐着了，那些地方根本没法吸引孩子的注意力。父母可以让孩子随身携带一些书籍或玩具。

- 如果孩子不得不长时间坐着（例如乘车或飞机旅行时），父母就要考虑随身带上笔记本电脑或便携式 DVD 播

放器来给孩子播放影片。

- 去饭店时，要让孩子坐在高椅子或升降椅上，并记住给他系上安全带，因为被"俘虏"的观众才是好观众。

基本方法

- 如果时间充裕，在带孩子去那些需要安静坐着或待着的地方之前，可以先带孩子去趟操场或公园，这样就可以让孩子先消耗一些体力。

- 如果可能的话，不要开车，通过步行或散步前往目的地，这有助于消耗孩子的精力。

- 可以和孩子玩神奇的"冰冻法术"[1]游戏，一直到活动结束（或者至少到孩子又一次动起来）。然后可以让孩子再给你施法术，这样反复交换。

直接、简短地"哄"

"你想坐在椅子上还是我腿上？"

"你想看书还是画画呢？"

"你想现在停止跑动还是等我数到 10 ？"

---

[1]　Freeze Spell，是游戏《部落冲突》（*Clash of Clans*）中的一种药水，能将一定范围内的敌人暂时冻住。——编者注

家长游戏

雕塑游戏

可以教孩子玩雕塑游戏。和孩子说你会帮他计时，看看他能像雕塑一样保持完全不动多长时间，你可以按秒数（悄悄地数）。等到孩子动了时，要表扬他——"你竟然坚持了这么久"，然后和他说你想看看他能否打破自己的纪录。

如果他们对着干

如果情况确实很难控制，那么父母可能就不得不咬紧牙关把孩子带离现场了，不用和孩子商量，把他抱起来然后带走就行了。

如何

哄孩子坐飞机旅行

乘坐飞机似乎是一件很浪漫的事，但是当机长点亮安全带指示灯，而你家刚学会自己上厕所的小鬼说他要去厕所时，事情就不一样了。他要么会感到耳朵疼，要么就是想到处走走。父母再也不能只是临窗眺望或迷迷糊糊地睡着了，带着小宝贝乘飞机旅行一点也不轻松。

注意事项

　　一定要把多余的衣服、尿不湿和食物放在你的手提行李里，以防飞机晚点，遭遇事故或行李丢失。

准备工作

- 提前和孩子讲讲乘飞机的正确行为方式，让他知道当你告诉他要坐着时，他就一定要坐好不动。

- 用孩子明白的方式和他描述这次飞行的时间跨度，譬如：你可以说这次旅行会花掉 5 集《芝麻街》的时间。和他讲讲安全带指示灯，这样他就可以留意指示灯是否亮了。

- 在登机之前，领孩子在机场多跑跑、玩玩，直到登机前。

- 如果可能的话，让孩子坐在你和同伴中间或让孩子坐在你旁边靠近窗户的位子，这样他就不能溜走了。

- 随身携带一些孩子最喜爱的无声玩具、书和有颜色的东西，也可以带一些新玩意儿来消磨时间。培乐多彩泥（PlayDoh）、荧光棒或迷你手电筒都可以让孩子玩几个小时。记住一次只给孩子一个新玩具，这样玩的过程就会变得长一些。

- 如果飞机上会提供食物，那就在预订机票的时候，要求空乘人员帮孩子准备一份。这样即使孩子不吃饭，也有可能找到有趣的包装或玩具来玩。

- 尽量减少飞机在起飞和降落时产生的压力，避免让孩子感到不舒服，采取任何可行的方式让孩子大口呼吸喘气。另外根据孩子的年龄，还可以采用给孩子吃奶、用安抚奶嘴、喝饮料、吃东西、吃棒棒糖或嚼口香糖等方式。

- 登机时，可以充分利用空乘人员的魅力，如果情况变糟了，空乘人员的支持会很有用。同时也要对邻座的乘客保持礼貌，有时他们的耐心也会对你产生帮助。

基本方法

- 随身携带含有音乐的 CD 或 MP3 播放器，或把书制成磁带在飞机上听，或在飞机上随着音乐跳舞。

- 如果父母有便携式电脑或 DVD 播放器，不要把它们放在家里。尽管正常情况下用电视节目来哄孩子并不是很好的育儿方法，但是飞机上的电视很有可能会让你的宝贝安静而愉快，这对于你和其他乘客都是有益的。

- 还可以使用毯子。把毯子从孩子的椅背上搭下来，搭成一个帐篷，这个帐篷会变成一个在飞机上阅读和玩耍的好地方，甚至会帮孩子将世界关在门外，有助于孩子入睡。

- 父母可以使用一些有趣的标签和晕机袋，创作一部自己的飞行木偶剧。

直接、简短地"哄"

"我们必须得坐在座位上，所以你是想玩_____、_____还是来看书？"

"现在我们还不能下飞机，让我们看看飞机上还有没有别的小朋友可以一起玩或者坐在这和我们一起画画啊？"

乘飞机飞行

和着歌曲《乘飞机离开》（*Leaving on a Jet Plane*）的节奏唱：

我们的行李打包好了，
我们要走了，
我们上飞机了，
我们带着培乐多。
飞向天空我们很兴奋，

我们乘飞机飞行，
周一我们会回来，
多么有趣啊！
我们要去喽！

家长游戏

云朵的名字

尽量从云朵中发现孩子最喜欢的图案、动物、人、形状、数字或字母，可以让孩子先在空中找 5 样东西，然后再让你来找，就这样轮流进行下去。

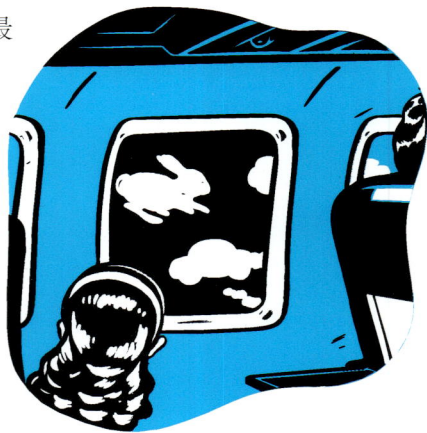

如果他们对着干

如果事情确实变得很糟，那么你就不得不尽力安抚你的小天使，以免别的乘客不满了。你可以带孩子去洗手间，虽然那里空间小，但至少你们可以有一些私人空间。

如何

哄孩子小声说话

我们必须要知道，大多数孩子并不知道他们说话的声音很大。这可能是因为他们人生的第一年都是通过喊叫来交流的，又或是因为孩子根本不明白不同声调之间的区别。无论怎样，父母迟早都要想办法让孩子变得安静。

准备工作

- 当孩子试图引起你的注意，而你又在做别的事情时，他就有可能大喊大叫。所以，你需要让孩子明白，当你在和别人谈话时，打断你是不对的，他需要等待一会儿或者用正常的声音问你问题。

- 要和孩子讲小声、正常音量和大声之间的区别。悄声地说："这就是小声。"然后让他用相同的音量重复你的话。用正常音量说："这就是正常音量。"同样让孩子重复一遍。然后用大的声音说："这就是大声！"也同样让孩子重复一遍。就这样反复地练习，直到他明白三者之间的不同。甚至还可以让孩子分别用小声、正常和大声来唱他最喜欢的歌曲。

- 当孩子大叫的时候，不要只和他说"不要大叫"，可以说：

"宝贝，没有必要大叫，用正常的声音我就可以听到。"要教会孩子什么时候应该小声说话（例如，哥哥在睡觉的时候）；什么时候可以用正常音量（例如，在饭店里）以及什么时候要大声（例如，当他需要帮助的时候）。

基本方法

- 低声和孩子说话，通常孩子也会低声和大人说话。

- 告诉孩子你不会理睬他的要求，一直到他用正常的音量和你说话。

- 如果你们正处在一个一句话都不能讲的环境里，就让孩子把他想要的画下来或者用手指出来。

直接、简短地"哄"

"你可以很小声地说话，来让我听听你能不能小声地说话吧？"

"我知道你可以很大声地说话，但是你到底可以用多小的声音说话呢？"

家长游戏

不说话游戏

悄悄地和孩子说你们要玩"不说话游戏"了，而且他必须得不出声地问问题。例如，如果他想要什么东西吃，他可以指指自己，然后做出吃东西的样子。如果他想要看书，就让他指指自己，然后做出看书的样子，还有其他事情也可以这样做。孩子每传递给你一个不出声的信号，就可以得 1 分，而且每得 10 分就可以拿到一张贴画（父母要数好贴画本还剩多少页）。

如果他们对着干

那就不要理他，直到他正常和你说话为止。

如何

哄孩子停止哭闹

依据不同起因，父母可以掌握几个不同的方法来哄孩子停止哭闹。而这其中最关键的一点就是弄清楚要使用哪种方法，这取决于孩子哭的原因——是受伤，受到挫折或者只是想操控大人。要改变孩子这种天生的倾向（把哭闹当成交流的手段）是很难的，毕竟在他们的婴幼儿期，这也是唯一可用的表达手段了。

准备工作

- 父母可以考虑教小孩（甚至 6 个月的孩子）一些重要的宝宝手势语，让他们表达自己的需求。一些简单的手势语不仅能教会孩子表达自己的需求，也能让孩子明白交流是达成他心愿的最好方法，而不是哭闹。

可掌握的手势语：
- 还想要
- 累了 / 想睡觉
- 牛奶
- 食物
- 水
- 做完了

· 还想要

· 累了 / 想睡觉

· 牛奶

· 食物

· 水

· 做完了

- 方法很简单，每次用到这些词时，父母就做出这些手势，最后孩子就能学会。父母要有耐心，而且要仔细看孩子做，因为孩子做的方式可能和你做的不完全一样。

- 永远不要勒令孩子停止哭闹，而是要鼓励他和父母说他真正想做的或生气的原因是什么。经典的父母用语是"好好说"，这话尽管是老生常谈，但是能派上用场。

- 通过承认孩子受伤的原因，让孩子知道你也了解他的痛苦。譬如："我知道你想去公园，但是现在下雨了。""我知道你想拿着剪刀到处跑，但是这确实不是个好主意，因为你真的可能受伤。"

- 如果你们确实找不到孩子哭闹的理由，那么有可能是因为孩子确实是太累了或太饿了。

基本方法

- 父母要掌握转移注意力的艺术。新玩具、木偶或其他能转移注意力的物品都会派上用场，甚至是父母充满激情地说一句"看这棵树"也能让孩子止住眼泪。如果孩子是因为被别人拿走了自己的东西而哭泣，那就赶快拿另外的东西给他。

- 如果孩子哭是因为一点小伤，父母可以假装惩罚一下那个令他受伤的物体。譬如："咖啡桌！你怎么敢伤害我的宝贝！你现在就得道歉。"

- 如果孩子受了小伤（例如撞了一下头，擦伤了膝盖），父母可以通过重演这一"罪过"来阻止孩子哭。这可能会让你大笑，并且可以防止孩子被安慰之后继续哭。父母可以假装调查事故的原因，"你是怎么摔倒的？是像这样跑吗？"（父母可以按照孩子刚才的路线跑）"突然你就被一根这样的棍子绊倒了吗？"（父母假装绊倒，然后倒在地上）"然后你就像这样哭起来了吗？"（要用夸张、搞笑的方式哭），这样就可以缓和当时的局面，并且让孩子破涕为笑。

- 通过滑稽的方式重演事故给孩子展示形体幽默。父母可以假装没看到孩子的伤。"我可怜的宝贝！你摔倒了，你是怎样摔……啊！（撞击声），这可真疼！"对于孩子来说，没有什么比看到父母倒下更滑稽的了。

直接、简短地"哄"

"你想让我仔细检查一下你的身体还是和让你摔倒的马路谈谈呢？"

"你想和我说说你为什么这么伤心，还是让我来猜猜呢？"

"你是觉得疼还是害怕呢？"

如果感到难过，你就拍拍手

和着儿歌《如果感到幸福，你就拍拍手》（*If You're Happy and You Know It*）的节奏，唱这首歌，同时给孩子安慰的拥抱和亲吻，可以让孩子镇静下来并且转移注意力。

如果感到难过，
你就哭哭吧！
如果感到难过，
你就哭哭吧！
如果感到难过，
那就让大家都知道吧。
如果感到难过，
你就哭哭吧！

（在不同的情形中，使用下面的内容替换）

如果感到受伤，

就擦擦你的_____（受伤的身体的部位）。

如果感到生气，

你就跺跺脚（跺脚）。

如果累了，

你就去睡觉（打呼噜）。

如果感到生气，

你就说哼！

如果感到喜欢，

你就这样（做些可笑的事儿）。

如果他们对着干

- 冰棒和棒棒糖能治愈所有的伤痛。

- 就让孩子哭吧，有时候他们就得自己去度过，尤其是当他们没来由地就哭的时候。

如何

哄孩子停止抱怨

　　抱怨对孩子来说是一个经久不衰的沟通策略，而且也是父母不得不处理的事情中最扰人的一件。那么孩子为什么要抱怨呢？一方面是利用父母的情绪，孩子们知道你会对他们的哭闹反感，所以抱怨就成了解决问题的极端手段中比较温和的一种。想让孩子停止抱怨，父母就需要一些方法来坚定地告诉孩子抱怨没有用，他们可以选择更好的方式。

准备工作

- 在孩子还小时，就要教会他们有礼貌地提出要求，告诉孩子说"请"要比抱怨和哭闹更有用。并且当孩子照做时，要给予表扬——"谢谢你这么友好地说出你的请求。"

- 诸如"不要再抱怨了"的指责和命令往往没有用，父母可以试着说："宝贝，说就可以了，你知道我不喜欢抱怨的。"还有那句老话"注意你的措辞"。他们都能派上用场。

- 可以教孩子自给自足，告诉孩子："如果你有想要的东西，可以试着自己去拿。"

- 不要用失望或生气的语气来回应孩子——它们只是成人版的抱怨。

基本方法

- 父母可以故意地抱怨回去，说："你知道我不喜欢你抱怨的。如果我总是通过抱怨要求你做事情，你会有什么感觉？（转换成抱怨的口气）我们现在就要走了，为什么你还不穿上衣服，我多么希望你能穿好衣服啊……"孩子的抱怨行为再加上父母这种搞笑的抱怨方式应该会让孩子意识到抱怨有多么愚蠢。

- 父母可以假装抱怨是在某处制造噪音的小动物。"嘿！你听到了吗？那个抱怨？好像在你身上，又好像没有——因为你知道提出要求的时候不应该抱怨。我相信你会说"请"，而且能用正常的声音提出要求，所以这附近一定有一个小牛仔或小狗狗，让我们看看它是不是在你的口袋里。"这样信息就被大声而又清楚地传递出来了。

直接、简短地"哄"

"你的抱怨我听不太明白，你能用正常的语气再说一遍吗？"

"或许你应该试着唱出来，抱怨是没有用的哦。"

家长游戏

抱怨储蓄罐

1.拿一个罐子，标上"抱怨储蓄罐"的标签。这个标签要让孩子来写，以便让他参与到整个过程中。

2.在罐子里放10~20个孩子喜欢的小玩意儿，例如：贴纸、橡皮球或塑料小动物。

3.和孩子解释他每坚持一天不抱怨，就可以从罐子里取出一样东西。

4.随着罐子里的东西慢慢变少，要记得往里面装新的。

如果他们对着干

不要因为你厌倦了听到孩子抱怨，就向这种行为屈服、妥协，这样会让孩子觉得抱怨是有效的——他能借此得到想要的东西。父母可以忽略孩子的抱怨直到孩子厌烦了自己的声音并停止抱怨。

如何

哄孩子停止发脾气

　　几乎所有 1~3 岁的孩子都会发脾气，这有可能是因为他们想要试探一下父母的底线和掌控能力，也有可能是因为他们不能完全用语言表达他们的情绪和失望。那么教给孩子一些表达自己情绪的方法，他们就不会经常大发脾气了。

准备工作

- 教孩子使用语言来表达自己的情绪。当孩子发脾气的时候，告诉他："如果你像这样喊的话，我是没法弄明白你想要什么的，试着深呼吸然后再和我说说看。"

- 无论什么时候，要让孩子参与决策，这个决策即使不是与要做什么有关，也至少要与怎样去做有关。例如，不是让孩子决定要不要洗澡，而是要不要洗泡泡浴或者洗澡的时候要带什么玩具。

- 当孩子去做别的事情时，父母一定要好好地提醒孩子。因为孩子对于时间没有什么概念，所以要是父母说："我们 5 分钟之后就要离开啊。"对他们来说可能比较抽象。因此，父母可以说："唱完这首歌我们就走喽。"

注意事项

千万不要屈服于孩子的脾气。拒绝发脾气会让孩子明白发脾气不会让事情朝他希望的方向发展的。

基本方法

- 使用转移注意力的艺术。做鬼脸、假装摔倒、跳滑稽的舞蹈……任何能将孩子的注意力从他的苦恼中转移出来的事情都可以做。

- 如果身边有娃娃或者木偶，可以以娃娃或木偶的口吻和他说话。对于孩子来说，有时候和他的同伴说说他的烦恼要比和父母说更容易和舒服一些。

- 转移现场。父母可以把孩子带到休息室、商店外面或是车里，这样往往能让他冷静下来。

- 如果孩子确实无法控制自己，可以让孩子对着纸袋子多做几次缓慢的深呼吸。

- 除非他的行为确实失礼（例如：乱打、乱踢、扔东西或不可控制地大叫），否则就可以忽略他的行为。

直接、简短地"哄"

"你想要再待一会儿冷静下来，还是现在就走？"

"你这样做我根本没法弄明白你的想法，你想不想试着和我说说出什么事了或者指给我看发生了什么？"

超级怪人

和着歌曲《她超级怪》（*Superfreak*）的节奏唱：

> 她是一个很怪的女孩，
> 那种不愿说话的女孩，
> 她是那种就爱发脾气，
> 还爱崩溃在你脚下的女孩。
>
> 她是一个很怪的女孩，
> 那种现在很生气的女孩，
> 她是那种要用耐心对待的女孩，
> 需要远离马路的女孩。
>
> 她是一个很怪的、很怪的女孩，
> 她是一个超级怪人。

如果他们对着干

不要因为发脾气就惩罚孩子，更好的方法是教会孩子用语言清楚地表达自己的需求和情绪。

如何

哄孩子把东西放下

　　一旦孩子抓住了他想要的东西，要是不用一些育儿策略，父母是很难强迫孩子放下的。因此，在去商场或朋友家时，父母应该提前准备一些哄他的方法和能转移注意力的物品。

准备工作

- 无论什么时候去商店，都要和孩子解释父母必须花钱才能买到东西。这样孩子就不会认为所有东西都可以直接拿走了。而且父母不要一冲动就给孩子买东西，要知道这样做会让孩子认为这是应该的。

- 与其禁止孩子接触易受损的物品，倒不如让他拿一段时间，父母可以说："好的，你可以拿着这个陶瓷鸭子，但是我们付了钱之后你就得放回去。"这就会让孩子忽略那些不允许他吃的水果了。

- 带孩子去商店时，要尽量让孩子待在手推车里。这样一来，父母就能更好地控制孩子的欲望了。父母购物时，可以让孩子去取你要买的东西，但是不要让他随意乱跑去拿货架上的东西，这对孩子来说很重要。

基本方法

- 父母要掌握交换的艺术："不行，你不可以拿那个，你可以拿着我的钱包 / 你的玩具 / 这个吗？"

- 购物时，可以让孩子选一样他要买的东西，父母可以说："你可以在这一区域选一个小玩具，你想要哪一个呢？"或是"我们不能买玩具，但是我们可以买一本书，让我们去书籍区，你来选一本书吧。"

- 父母可以转移孩子的注意力，可以说："我们现在不能玩那个，但是一会儿我想和你玩接球游戏，你能去那边拿个球来玩吗？"

- 与其让父母把东西拿走，倒不如让孩子把东西放回去。

- 和孩子说他不能把东西拿回家，同时要告诉他回家后你可以给他列一个礼物清单，并且保证把那件东西列在里面。这样，大家就会知道他下个生日想要什么礼物了。

直接、简短地"哄"

"是你把填充玩具放回去还是我来？"
"我们现在的钱不够买这个了，你可以选择另一个。"

家长游戏

这是去哪儿？

明确地告诉孩子你要去商店买哪些东西，而且要明确告诉他，你不会买其他任何东西，然后问一下他要不要玩"这是去哪儿"的游戏。在商店买东西的时候，可以让孩子拿3样东西，并且一开始就要和他说清楚这些东西你们不能拿走。买完东西以后，和孩子说："现在让我们看看你能用多快的速度把这些东西放回去，你还记得他们原来放在哪儿吗？好，去吧！"按秒数记录孩子成功的时间。父母要记住这个时间，以便下次来购物时让孩子挑战这个旧纪录。每次孩子成功地把物品放回去了，父母就给他一些奖励，奖励包括：让孩子把钱拿给店员，给孩子贴画或零食作为奖励。

把东西放回去

当你在商店（或家里）转悠着把孩子拿来的东西放回去的时候，和着歌曲《叫你滚蛋》（*Hit the Road，Jack*）的节奏，唱下面这首歌。

把东西放回去，
把它从袋子里拿出来。
走吧，
走吧，
走吧，

走吧。

把东西放回去，
把它从袋子里拿出来，
走吧。

你说什么？

把东西放回去，
就在货架上，
走吧，
走吧，
走吧，
走吧。

把东西放回去，
就在货架上，
走吧。

你说什么？

噢，宝贝。噢，宝贝。
我对你是如此的小气，
我是你见过的最小气的妈妈（爸爸）。

但是你要知道，

如果我这么说，

我们就得把东西都放回去然后回家。

对啦！

把东西放回去，

不要再向我推销了，

不要，

不要，

不要，

不要。

把东西放回去，

不要再向我推销了，

不要。

如果他们对着干

从孩子手里把物品夺下来，孩子肯定会大发脾气，父母可以只是坚定（但是不要生气）地说："我数到 10 你就把东西放回去。好吗？"这会告诉孩子他可以再拿着这件东西一段时间（这样做主要是为了给孩子一点时间，让他想清楚），同时也不会因为太具强迫性或威胁性而让孩子大发脾气。

居家妙计

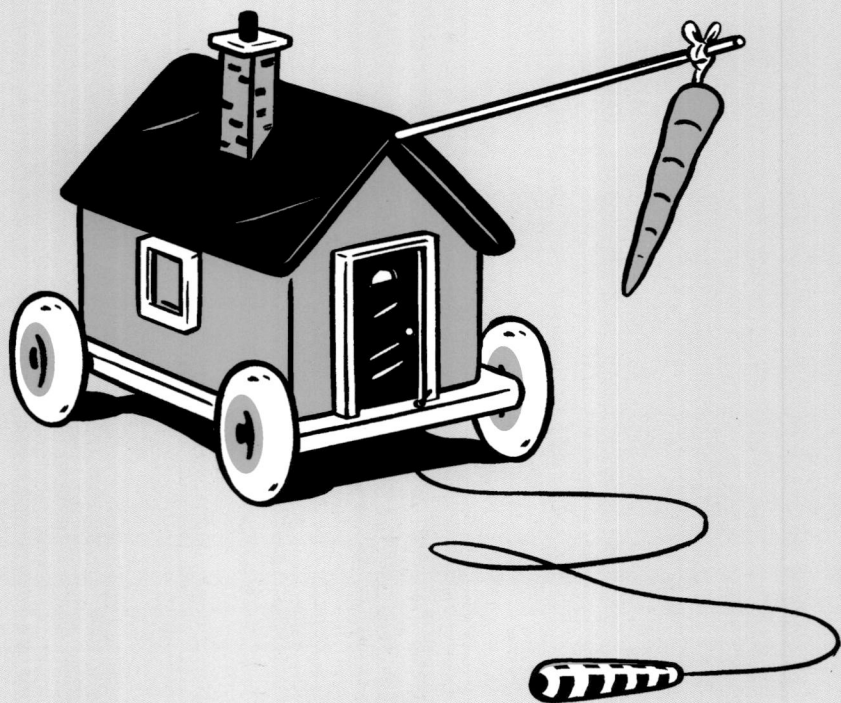

如何

哄孩子分享

我们总是告诉孩子分享是世界上最自然的一件事情。但是我们这个世界真的在按照这个想法运转吗？因此仔细想想，让一个小孩子自发、自愿地随时分享他拥有的东西，是相当不现实的。孩子必须相信分享是符合大家期望的、必要的甚至是有益的。父母需要成为树立榜样的人。

准备工作

- 多给孩子读一些关于分享的故事。编一些你自己的故事。让孩子认识到分享虽然有些困难，但是将会带来内在的回报（父母的夸奖、朋友之间的乐趣等等）。

- 如果可能，给孩子买东西的时候多买一份（两个相似的卡车、两支笔、两打纸、两个洋娃娃）。

- 无论你的孩子在何时分享，都要对他加倍赞赏。夸奖，夸奖，再夸奖。孩子尽管知道这是理所当然的行为，也应该能体会到其中的妙处。

基本方法

- 如果有玩伴过来，将所有"特别的玩具"都收好。问问孩子不愿意分享哪一个玩具并尊重他的决定。将它们藏在柜子里并向孩子保证他的玩伴不会拿到。这就等于和孩子形成了一个约定：其他任何东西都是可以分享的。在这种情况下，孩子只能"选择现在立刻提出异议，或是以后都保持沉默"。

- 不要让孩子把他不愿意分享的物品带到学校或者朋友家里。

- 尽管孩子不容易理解分享的观念，但是他们能轻易理解"轮流"的意义。"首先让西尼玩吉他，然后轮到你。"

- 哄孩子"交换"，实际上这和孩子之间的分享是相同的："你们为什么不交换一会儿？你去玩魔杖，让艾弗里玩消防车"。

- 准备一些贴纸或一个"很酷"的标签。本书的附录里提供了一些有用的贴纸。告诉孩子或者他的玩伴你是"分享仙子"。当你看见有人分享时，他将得到一张贴纸或一个标签，用以证明他在做一件很棒的事情。

直接、简短地"哄"

"你朋友应该先玩砖块还是洋娃娃？"

"今天你想带什么玩具去库伯家里与他一起玩？"

"你想让乔娜现在骑自行车，还是过几分钟？"

家长游戏

对于孩子们不愿意分享的情况，"换音乐抢椅子"的游戏会有帮助。游戏规则依然是：

1. 当音乐开始时递给孩子一个玩具玩。

2. 让孩子们都坐或站成一圈玩他们的玩具，直到音乐停止。

3. 当你停下音乐时，孩子们需要放下玩具走到下一个位置。

4. 这样，每个人都能玩到所有玩具了。

如果他们对着干

- 确认孩子的感受——"从你的表情我可以看出你很难过。分享是一件很难的事情，也能让人很失望。"

- 发现问题——"看上去你俩都喜欢黄色卡车，但是珍妮先拿到了呀。"

- 给孩子两个选择（或者让大一点的孩子们提出别的方法）——"我们将轮流玩。首先，苏菲玩卡车，麦克斯玩警车，然后你们再交换。或者苏菲玩警车，麦克斯玩卡车，然后再交换。"

- 如果孩子们还是不能分享玩具，把它拿开并鼓励孩子们玩其他玩具。如果有人还是不愿意，反复从别人手里抢玩具，那么就让他走开。这并不好，但是确实有效。

如何

哄孩子们停止互相骚扰

即使是大家都喜爱的、荧幕上的家庭也有同样的烦恼——卡罗尔和麦克·布雷迪时不时要插手解决布雷迪家孩子们激烈的争吵 [①]。现实生活也是如此：兄弟姐妹和朋友常常互相惹恼。你该如何调解？何时该让他们自己解决？让他们保持和谐相处并不是一件简单的事——但它却是一项你必须参与的工作。

准备工作

- 确定你的立场并坚持下去。插手解决问题的时间尽量保持一致。你会只介入涉及人身安全的问题还是解决每一个纠纷？你希望替孩子解决大多数问题还是希望他们自己解决问题？

- 当孩子找你时，通常会发出"戴维不肯放过我"或者"凯莉总是说我胆小"一类的嘀咕或抱怨。不要亲自处理问题——教孩子如何在这种情况下自己解决。和孩子说诸如"你为什么不让戴维停下来？"或者"你为什么不告诉凯莉你的想法？"一类的问题。

[①] 来自美国电视剧《脱线家族》(*The Brady Bunch Movie*)。——编者注

- 确保爱惹事的兄弟姐妹不会常常挨饿。低血糖能让任何人有发怒的倾向。如果这种情况可能发生的话，你要喂饱孩子。

基本方法

- 设定一个"合作区域"或"中立区域"。在这个区域里，所有孩子被强制遵守绝对的游戏规则：尊重对方，说话有理有据，听从对方以及不要推搡。这个区域是神奇的，所有人必须遵守"和睦相处"的准则。如果有人不能遵守这个小神奇王国的法则，他就必须离开这个区域，直到能遵守规则。（你要保证这个区域里有最好的玩具）

- 让孩子们拥有完全属于他们自己的空间，尤其是当孩子们都住在同一个房间里时。让他们知道如果他们需要独处一会儿，可以去自己的专属区域。这个"专属区域"可以是房子里某个小角落（例如橱柜、拐角等），这个地方要属于他们自己。

- 如果事情比较困难复杂，给他们每个人一份"工作"——根据他们的爱好让他们在不同的地方"工作"。

直接、简短地"哄"

"你是想接着烦你妹妹还是离开房间啊？"

"你能做到和弟弟和解吗？还是需要我帮助？"

"我知道你不想让别人打扰，那你想做点什么事情呢？"

家长游戏

穿别人的鞋子走一公里路

游戏是这样的，在设定的一段时间内，让时常产生矛盾的孩子们假扮成对方。你也可以让他们交换衣服或鞋子，方便他们进行角色扮演。主要的游戏规则是禁止取笑其他人。游戏的要点是试图想象其他人是什么样子的。多给孩子们一些指导，让他们感受到烦人的行为会如何影响其他人。

如果他们对着干

带他们出去玩。户外场所可能没有那么理想，但是尽你所能给他们找一个地方嬉戏吧。由于没有人能"拥有"户外这片地方（或者公园），所以那是真正中立的区域。

如何

哄孩子帮忙做家务

　　自从灰姑娘的故事流传开了，家务活就一直被蒙上了负面的色彩——只有糟糕的父母才会让你做家务。但在现实生活中，我们都有家务活要做。这让我们感受到自己是家庭和社区里重要的一员。对于孩子们来说，如果他们因此得到鼓励和奖赏，那这种抽象的感觉对他们来讲会变成自信的源头。

准备工作

- 向孩子解释为什么让他做家务。不管他怎么想，告诉他这不是在折磨他。这样做的目的是分担家庭负担，让孩子有机会给家庭做贡献，培养孩子的责任感，教给孩子独立生活的技能。

- 制定合理的期望。不要指望两岁的孩子能给蔬菜削皮（但也不能认为 5 岁的孩子做不了这件事）。根据调查，各个年龄段的孩子可以做以下事：

2~3 岁

- 捡起玩具，把他们放在合适的地方；
- 扫地；
- 在餐桌上放餐巾纸、盘子和餐具；

- 餐后清理自己的位置；
- 从洗碗机中取出餐具（尖锐的东西除外）。

4 岁

除了上面提到的事情，还有：

- 定期给宠物喂食；
- 帮忙清理院子；
- 打扫家具上的灰尘；
- 准备凉麦片；
- 到邮箱取信件；
- 帮忙洗盘子或将碗放到洗碗机里。

5 岁

除了上面提到的事情，还有：

- 自己铺床；
- 打扫自己的房间；
- 擦洗水槽、马桶和浴缸；
- 把洗过的衣服叠起来并收好；
- 帮忙洗车；
- 倒垃圾。

花时间把你希望他做的事情教给他。孩子是希望感受到自己的能力的，所以给他们工具让他们去做吧！与之后孩子们在人生中得到的回报相比，这种在家务上的投入微不足道。

- 为了让孩子更努力做家务活而且明白做家务的必要性，你要让孩子帮你记着日常生活中的一些事情。如果他忘记了一些主要的事情，你需要给他提示："怎么脏衣服从地上跑到抽屉里了？""怎么玩具又回到玩具盒里了？"

• 把大家都干活的时候定为"家务时间"。这样能更好地监督孩子，并让他们感受到乐趣。

基本方法

• 尽可能提供一些适合孩子的小型工具。例如小笤帚、小铲子或者小耙子之类让人眼前一亮的东西。

• 不要将其称作"家务"——可以说是"妈妈（或爸爸）的特殊任务"。一个证明他角色的徽章或帽子能激发更多的动机。

• 尽可能边放音乐边干活。每次做某项家务的时候放同一张专辑里的音乐可以强化这样一种信息：做家务很有趣，要准备开始做家务了。

• 因为孩子为家里做贡献了，所以应该多多夸奖他，并表示感谢。

• 多使用"只要你做完了……就可以……"一类的句子，督促孩子做家务活。例如，"你只要收拾完床，就可出去玩了。"

• 学会利用图表和激励制度。每天孩子完成家务后，他将在图表里得到一个标签或星星。当他取得 5 个、10 个或者

15 个星星之后（事先算好数量），他就可以得到一些特别的东西。这些"特别的东西"可以是父母满足他想要的奖励、新玩具或其他奖品。

注意事项

如果孩子做得不够好，不要当着孩子的面重做，可以以后再做，或者保持幽默：如果孩子忘了在餐桌上摆盘子，可以假装要把饭直接放在桌子上。这样孩子会得到提示，同时情不自禁地笑起来。

直接、简短地"哄"

"你想先把玩具收起来还是先整理床？"

"我来拿走你所有的袜子，你打算拿什么呢，是裤子还是衣服？"

"你想先做作业还是先做家务？"

"做完家务之后你想玩电脑还是看动画？"

我和家人一块干活儿

和着《我在铁路工作》(*I've Been Workin' on the Rail-road*)的节奏。在干活的时候唱这首歌，让工作更有趣。铁路工人唱这首歌是有理由的——它帮他们打发时间。

> 我和家人一块干活儿，
> 漫长的一整天。
> 我和家人一块干活儿，
> 为了每天帮帮忙。
>
> 看见妈妈笑了吗？
> 从我降生那天就一直笑。
> 看见爸爸得意了吗？
> 他天天都为我骄傲。
>
> 为了帮妈妈的忙，
> 为了帮妈妈的忙，
> 为了天天帮妈妈的忙。
> 为了帮爸爸的忙，
> 为了帮爸爸的忙，
> 为了天天帮爸爸的忙。

家长游戏

挑家务活游戏

这些游戏提供了一种公平简单的分派家务的方法。选择最适合你的家庭氛围和孩子年龄的游戏版本。保证每个人（父母可能除外）都不会在同一件家务活上用太长时间。

家务转盘

适合 3~4 岁的孩子

找一些或画一些代表不同家务活的图片，比如收拾餐具或摆餐桌。（不考虑针对个人的家务，比如整理床铺、收拾床铺就不要考虑在内。）

用硬纸板做一个圆盘或者用彩色美术纸做一个圆圈。把图片围绕圆盘边缘放置。做一个硬的纸制箭头充当旋转指针，拿角钉将其固定在圆盘中心。让孩子转圆盘来决定某天或某一周他要做哪些家务。在家务列表上写下要做的家务以提醒和鼓励孩子。

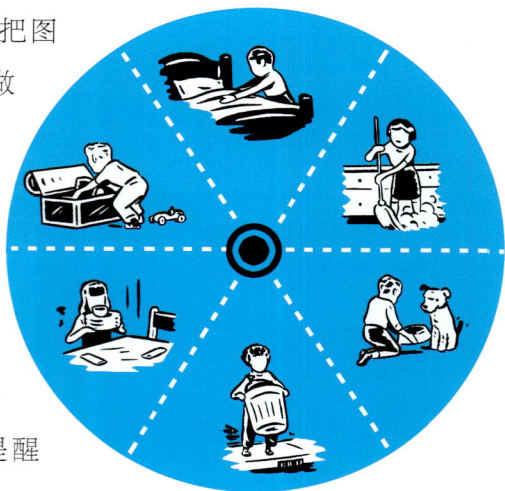

家务抽奖

适合 4~6 岁的孩子

将每件家务活写在一张纸条上，将纸条放进一个带盖子的盒子里。（如果孩子们的年龄不同，就给不同的孩子准备不同的盒子，里面包含与孩子年龄相符的家务。）孩子每周从箱子里抽一件或两件家务活来做。在列表里写下要做的家务并追踪孩子的完成情况。

如果他们对着干

父母要事先说明结果。如果小孩决定不收拾桌子或整理床铺，那他应该知道会发生什么。结果最好简单、直接、自然。例如，要是孩子当天没有把玩具收起来，那他第二天就不能再玩玩具了。

如何

哄孩子打扫卫生

在有小孩之前你也许会说："我家里真是太乱了，水槽里居然堆着没洗的盘子。"而现在，"我家里真是太乱了"则意味着被扔得到处都是的玩具，一波又一波、完全来不及洗的脏盘子，一地的脏衣服。你心里要有合理的预期——有小孩之后，家里通常会有一点脏，有一点乱。这里有一个小窍门：可以试试让孩子帮忙解决问题。

准备工作

- 给孩子一些玩具，这样打扫卫生时他就不会来捣乱了。

- 把打扫卫生的时间固定下来。可以在正餐结束之后，吃甜点之前，或者周六早上，你们开始做任何"更有趣"的事情之前。不管你选择哪个时间段，要坚持按照这个时间执行，让孩子有做它的动机，并且越早开始这个计划越好。

- 做一个简单的表格，列出你期望的结果。在你准备让孩子尝试之前，你要向孩子展示如何完成每一项任务。打印一份表格，这样孩子在完成工作时就可以检查每一项任务了。

- 在打扫卫生之前，提前 5 分钟通知孩子。有些孩子也许需要倒计时。

- 尽可能让事情变得具体。不要说："我们要打扫游戏室了。"而是应该直接要求孩子把砖块放在盒子里，或者把盒子放到置物架上。

基本方法

- 如果孩子已经上学或者在上日托了，可以弄清楚他们在学校的值日生表，并在家中模仿他们的时间表。（在多数学校里，打扫一般在一项活动结束后进行。）

- 进行打扫卫生比赛——有必要的话，用上计时器。

- 如果你有几个小孩或者正尝试着带一群小孩打扫卫生，可以让他们排成队相互传递工具，直到他们拿到合适的工具。

- 不要允许孩子放着烂摊子不管。和孩子定下规矩：离开房间之前必须把房间收拾整齐。可以把房间变成故事中的场景——关上房门，假装自己是一个巫师，向孩子施放魔咒：要是不打扫房间的话，他就无法离开房间。

- 确保要打扫的东西有固定的存放点。给抽屉和盒子贴上标签，标注好文字和图片，这样一来打扫卫生就变成了学习活动。专门准备一个箱子放其他物品——否则这类东西就会被杂乱无章地堆在一起，或者无处可放。

- 表扬，表扬，表扬……哪怕孩子只是把一小部分东西打扫干净了。

直接、简短地"哄"

"你想擦地还是清理装饰画上面的灰尘呢？"

"打扫的时候你想听音乐还是唱歌？"

"你想帮忙捡东西还是收纳东西？"

打扫卫生之歌

　　和着《下雨》（*It's Raining*）的节奏，一直唱这首歌，直到房间被打扫干净，玩具被收好或者你们不想再打扫了。

　　扫扫地，

　　扫扫地，

　　大家都来扫扫地。

　　来把_____清理走，

　　大家都来扫扫地。

家长游戏

寻宝游戏

告诉孩子你们将扮演"寻宝者"。让孩子找到所有橙色的玩具然后把它们收起来。接下来再依次寻找有轮子的玩具，动物玩具，会发声的玩具，等等，直到所有东西都被收拾好了。"奖品"可以是任何东西：一张贴纸、一包零食或者离开房间的许可。

如果他们对着干

- 如果孩子有机会收拾他的东西，却没有做，那你就把所有这些东西放进盒子里。孩子如果想拿回这些东西，就需要做家里其他的家务活。不要把这当成一种惩罚，而是要把这个过程当作管理家庭的方法。

- 清理一些东西。与孩子一起把玩具分类，丢掉坏了的玩具，并挑选一部分分给没有玩具的小朋友（比如捐给当地收容所）。把这当成分享和感恩的课程，同时可以控制玩具的杂乱程度。

如何

哄孩子关上电视

许多父母认为电视是万恶之源。他们说电视让孩子的脑子里充满了乱七八糟的想法。但是，有些时候电视就像另外一个父母，也发挥了重要的作用。我们或许并不以此为荣，但是我们都看电视——有时候，看电视是必要的。因此当需要关掉这个"盒子"，或者需要把频道换成其他的时候，可以运用一些方法哄哄孩子。

准备工作

- 电视节目开始之前设定严格的时间限制。清晰明了地在计时器上设定时间，或者规定："只能看一个节目，不能再多了。"

- 尽量让孩子看视频、DVD 或者录播的节目——不给他看电视广告，这样他就不会吵着要买电视广告推销的商品了。至少，看预先录好的节目时你可以快进跳过广告。另外，节目的时间限制可以让你更好地控制孩子的观看时间。

- 如果孩子确实沉迷于看电视无法自拔，你可以考虑买一些由儿童图书改编的视频或 DVD。虽然看视频不如读书收获多，但是总比让他看电视广告好。

- 不要让孩子边看电视边吃饭。这会使吃饭与看电视之间产生一种很难改变的联系。

- 将电视放在与客厅、孩子的活动室或卧室分离的柜子里。电视时间结束后就关上柜子。眼不见，心不烦。

基本方法

- 在关掉电视机之前，为接下来要和孩子一起做的事做好准备——等待的时间越长，孩子们抱怨得就越久。用电视节目的最后几分钟时间准备接下来的活动："记住，节目结束后是吃饭时间了。你想喝什么？""电视节目结束以后你想画手指画还是水彩画？"

- 如果要出门的话，在节目的最后几分钟里给他穿上衣服。

- 如果可能的话，让孩子负责关上电视。告诉他这是"大孩子"的任务。不要向他展示该如何开电视。如果他自己关好了电视，要给他一些奖励。

- 告诉孩子电视机"累了"，晚上需要休息。

- 如果孩子依然不愿意配合，可以假装电视出问题了——把电视换成图像静止的频道。（通常简单地换个台就行了，不必改变有线电视或者电视盒子的设置。）告诉孩子你也不知道发什么故障，但"我们只好关掉它了"。

直接、简短地"哄"

"你想自己关上电视还是让我来关？"

"节目结束之后你想吃点零食还是玩玩具？"

"当我们数到 10 时，我们要关上电视。你希望自己数还是让我数？"

电视晚安

和着《宝贝晚安》（*Goodnight Sweetheart*）的曲调。关电视之前唱出以下歌曲，并且鼓励观看人参与。

晚安，电视，好啦，我要走啦！

晚安，电视，好啦，我要走啦！

我知道你会想我的，但是节目已经结束了，

晚安，电视，晚安。

家长游戏

寻找遥控器

趁孩子不注意，把遥控器藏在你们看电视的那个房间里。（由于孩子太专注于看电视节目了，因此也许不会注意到你的小动作。）让孩子知道谁找到遥控器，谁就得关上电视。关上电视后还能得到小小的奖励。如果你只有一个孩子，那就鼓励他突破自己以前的记录。

如果他们对着干

当其他方法都失败时，告诉孩子电视机坏掉了。趁着孩子不注意拔下电源。告诉他修电视的人要很晚才能过来。

如何

哄孩子独自玩耍

对于所有孩子来讲玩耍都是每天最重要的活动——玩耍让他们享受生活，与他人互动，感受新事物，学习知识。但是他们玩耍的时候为什么离不开你的陪伴呢？的确，一些孩子可以自己玩耍——一个人废寝忘食地在玩具堆里玩，但你的孩子恰好不是这样的。或许小孩时常想要得到你的关心，需要与你互动，与你一起找乐子。可这样的他是如何定位自己的呢？爸爸妈妈的侍从吗？

准备工作

- 想要提高孩子随时随地可以自己玩耍的概率，你需要有一个现实的期望值。如果你希望自己能一天内做一顿大餐，把衣服洗完，完成论文，赶上同事的进度，那么失望是在所难免的。尝试从几个令人欣慰的时刻寻找快乐。

- 不管孩子在什么时候独自玩耍（哪怕只是一会儿），都要对他大加赞赏，让他明白自己做了一件很特别的事，已经长大了。

- 确定家里随处都有可供孩子玩耍的玩具。

- 如果孩子曾经自己玩耍过，留心他选择了什么玩具——他自己选择了工艺品、小汽车还是砖块？当你希望孩子自己玩耍时，将这些玩具拿出来。

基本方法

- 当你在做一件事情时，鼓励孩子也做同一件事，并从中寻找乐趣。如果你在做饭，那就在餐桌上留一块他的"做饭"区域，包括一个盆子、一些"原料"（为了确保成功，你也许需要牺牲一些做好的米饭或者面点）和一些厨房用具。如果你在使用电脑，给他一台旧打字机或者把鞋盒子做成电脑的样子给他玩。

- 放音乐。音乐可以抚慰野兽，让它不再狂躁，同时也能让孩子转移注意力，不再执着于你的陪伴。

- 设立一个"玩具体验区域"，给孩子 5~10 个玩具让他自己玩。向他解释你希望他把所有玩具都玩一遍，然后告诉你他最喜欢哪个玩具。

- 告诉孩子你有一些工作要做，但是如果他想玩点什么，你可以在开头时陪陪他。或者在让他自己玩耍之前，你们可以一起做一件有时间限制的事情，比如讲个故事或唱首歌。

- 搭一个帐篷或者建一个城堡。小孩喜欢爬进爬出。在城堡里待着时，处于隔离的状态，所以孩子可能注意不到你没有陪他玩。可以在里面放很多玩具，给他一个手电筒让他更好地探寻。

- 给孩子一个明确的目标（这个目标要花一些时间才能完成）让他去实现。你可以说："你可以盖一个城堡吗？让我看看你可以盖多高？"或者"你能给外婆画个像吗？"

直接、简短地"哄"

"你为什么不教小朋友（洋娃娃或者毛绒玩具）玩_____呢？"

"我想让你自己玩一会儿，你想让我把手工用品放在这个桌子上还是那个桌子上？"

"我要做饭了，但是我可以读书给你听。你想现在听还是等我做完饭之后再听？"

家长游戏

把房间做成一个挑战困难的"游乐场"，其中包括各种"游戏站"，每站都有一个孩子可以独立完成的任务。告诉孩子，完成挑战时不仅仅要做到简单快速，而且要做好。你可以建立这些站点：

- 培乐多站

- 砖块或乐高站

- 美术站

- 趣味水站（包括水盆、小船、小鸭子）

- 唱歌站（包括音乐和音响）

在两站之间的路上铺设一些障碍，让孩子从中爬过去、钻过去或者穿过去。

如果他们对着干

在使用任意一种哄孩子的技巧时，你心里要清楚自己不能陪孩子玩下去。让孩子知道你有工作要忙，独自玩耍是他应该做到的事情。告诉他你过一会儿就陪他玩，让他现在先自己玩。如果你向他承诺过一会儿去看他（必要的话约定一个具体的时间），到时间了就一定要过去，这样一来才能保证你说话算数。

寝食妙计

如何

哄孩子吃饭

吃饭的时候，小家伙往往是最难缠的。在某天吃晚饭时，他们可能狼吞虎咽地吃下一大份奶酪通心粉，就像一天没吃饭一样，而到了第二天晚上，他们可能会故意把通心粉吐在地板上，就像刚喝过变了味儿的葡萄酒。这或许是因为吃饭对孩子来说是一种有效的对抗手段（即便不是主要原因，也或多或少有些关系）。你可以强迫他们穿衣、上车或洗澡，但是如果他们真的不想吃饭，你也没法强迫他们咽下食物。

准备工作

- 让孩子自己选择饭菜。没准儿孩子可能会更喜欢自己选的饭菜。

- 吃饭像打仗？大人请放心，孩子不会让自己挨饿，所以让他判断自己饿不饿。

- 让孩子去家居用品店选择餐具垫、碗、碟子、刀叉、勺子和杯子。他可能更喜欢用他自己选的餐具。

- 持续集中注意力对孩子来说都很困难（通常不超过15分钟）。所以如果就餐时间过长，你就需要努力和孩子互动，比如和孩子协商："你吃饭，我来给你讲故事。"

- 吃饭时不要看电视，但可以听点音乐。让孩子选择要听的曲子。

- 做饭时要让孩子尝一尝。告诉他你需要他的小嘴巴来确保饭菜可口。

- 让孩子拿着计时器，如果时间到了，让他负责通知你。

- 做好饭后，让孩子帮忙摆放碗筷。这样他会感觉自己被赋予了权力，并为此自豪，也就更愿意吃饭了。

- 如果孩子坚持要吃冰激凌、饼干或其他甜点，而不吃饭，何不与他做笔交易呢？有时，一贯的"先吃饭，再吃冰激凌"往往不奏效。所以如果你的孩子还算比较讲道理，你可以尝试"吃一口饭，再吃一口冰激凌"的策略。

- 吃饭时不要让孩子离开餐桌。不要站着喂饭，不要在洗澡时喂饭，不要在他坐在大人腿上时喂饭。采用海鸥式喂养（也就是追着孩子喂饭的方式）时，孩子或许真的会吃一些饭，但他很难养成好的餐桌礼仪。

基本方法

- 把食物切成好看的形状，比如方形、三角形、圆形或是星形。你可以借助饼干模具来提高做饭的速度和效率。

- 通过巧妙地摆盘，可以让食物看起来更有趣。可以按照孩子最喜爱的人物、动物、脸孔或场景来摆盘。

- 给食物起个新名字。要有创意：例如，花椰菜不叫花椰菜，而叫"宝宝树"，鸡块不叫鸡块，而叫"脆脆石"。下面还有一些别的建议：

切成圆圈的胡萝卜	橙色的太阳
切成条的胡萝卜	魔法棒
土豆泥	白色的黏土
菜花	白色的宝宝树
沙拉	兔子饭
炸鱼条	钓鱼竿
纤丝奶酪	蜘蛛网

- 将食物按照非传统的方式盛放，而不要只是简单地把它们放在盘子里。可以把水果穿成串，让孩子用手一片片剥下来吃，或是把胡萝卜搭成小木屋的样子，总之发挥你的想象力。

- 把食物处理成容易食用的尺寸。大块的食物需要切或咬开来吃，它们不仅难以处理，并且会刺激孩子玩弄食物（或从盘子里扔出去），而不是吃掉它们。

- 让孩子帮忙准备饭菜。给他穿上围裙，带上厨师帽。让他帮你拿东西、搅拌食物、加调味料（给孩子事先调好的酱汁或调味料）以及让孩子按一些需要使用的厨房设备的按钮（比如搅拌机和面包机）。

- 玩许愿游戏。孩子每吃一口饭，就能许一个愿望。

- 借助"木偶的力量"。喂饭时，带上布袋木偶。令人吃惊的是孩子虽然不听你的指令，却常常会听木偶的话。

直接、简短地"哄"

"吃饭时，你希望我读书给你听，还是讲故事呢？又或者只是聊聊天？"

"今天你想邀请哪个毛绒玩具一起共进午餐呢？"

"你想先吃意大利面还是水果沙拉？"

5 朵花椰菜

和着《5只小猴子》（*Five Little Monkeys*）的节奏唱，当然，你还可以把花椰菜换成别的食物名字，同时调整食物的数目

　　5 朵花椰菜，

　　坐在盘子里，

　　一只跳出来（夹起一块花椰菜）说快吃掉！（把花椰菜放到宝贝嘴里）

　　宝贝说："哇，真好吃！"

　　"盘子里还有花椰菜吗？"

　　4 朵花椰菜，

　　坐在盘子里，

　　一只跳出来（夹起一块花椰菜）说快吃掉！（把花椰菜放到宝贝嘴里）

　　宝贝说："哇，真好吃！"

　　"盘子里还有花椰菜吗？"

家长游戏

我要吃掉你的_____啦！

　　1. 这个游戏利用了孩子与生俱来的占有欲，尽管这个方法不利于培养孩子的分享意识，不过最起码可以让孩子把饭吃下去。

2.和孩子说你想要吃他的食物（夹起一块小家伙平时不太爱吃的蛋白或蔬菜）。

3.动作缓慢而又夸张地把你的叉子伸到他的碟子里。

4.这时候，占有欲正常或较强的孩子一般都会说："不行！这是我的！"然后他会快速地把食物夺过去，塞到自己嘴里。

5.这时你不能笑，要做出无可奈何而又失望的表情或者是表现得非常吃惊。

你还可以这样做：和孩子说你想让他喂你，然后张开嘴巴；告诉他不准捣鬼，绝对不能假装喂你，却把食物放进自己嘴巴。孩子们往往会尝试做那些被你禁止的事情，所以很快他就会一口接着一口地吃起来。

如果他们对着干

父母不用太紧张，不要把吃饭弄得跟打仗一样，记住孩子不会让自己挨饿的。

如何

哄孩子洗澡

俗话说，整洁近于美德。但是显然很多孩子没有被灌输这种观念。一些孩子讨厌洗澡的感觉，另一些可能不喜欢自己脸上被泼水或者脚趾被擦洗的感觉，还有一些则认为洗澡是检验自立的一个机会。不管怎样，孩子必须要定期洗澡。

准备工作

- 确定水不要太热——宁可让水凉一点，先让孩子试试水温。

- 教孩子怎么开关水龙头（向他强调只有父母在家的时候他才能做这件事），让他自己放洗澡水。毕竟任何人都想自己做主。

- 买一大堆浴室的玩具，买的时候最好带上孩子。漂亮的毛巾、浴巾、塑料鸭子、小船、鱼、浴缸用的画笔和蜡笔总能赢得孩子们的心。

基本方法

- 把洗澡的时间安排得灵活多样，比如在某个下着雨的周六上午11点，下着雪的周四下午4点，炎热的周日下午2点，突然对孩子说："嗨，洗个澡怎么样？"对孩子来讲不按常规时间表做事会比较奇怪——它处于犯错误的边缘，而这也会令孩子更愉悦。告诉他这个时间段其他小孩都不洗澡。

- 不要叫它洗澡，而要叫游泳。记得多放一些洗澡水。要是准备了游泳眼镜和游泳圈，孩子会更愿意参与的。教孩子吐气泡，划水以及仰面漂在水里。调查显示洗澡可以帮助新生儿适应水中的环境，为以后学游泳打基础。新生儿可以在你的帮助下仰面漂浮在水里并做出蛙泳踩水的动作。

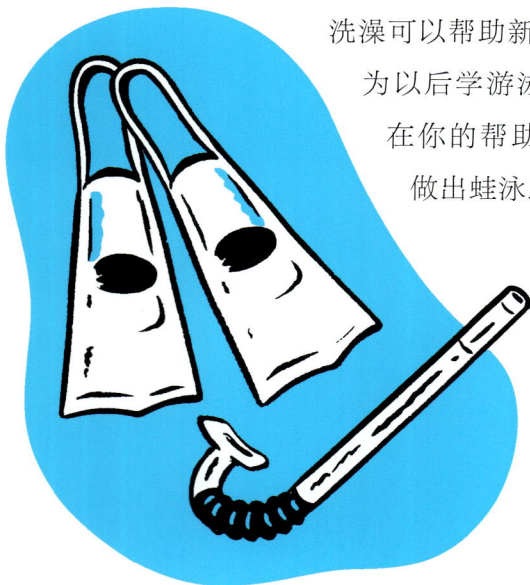

- 让孩子帮忙给浴室里的玩具洗澡。让孩子准备好给洋娃娃或者小动物洗澡，并准备好经过烘干的毛巾和睡衣。要求孩子保证玩具的洗澡水温度合适，哄玩具，告诉它们不要害怕水。

- 记住泡泡浴总是比正常泡澡更有趣。你甚至也会想在洗泡泡浴时拿一个吹泡泡的瓶子来增加泡沫的效果。

直接、简短地"哄"

"你想游泳还是洗澡？"

"你想自己洗还是让我帮你洗？"

"你想用那条紫色的毛巾还是那条瓢虫毛巾？"

"你想洗泡泡浴还是游泳？"

小蜘蛛

关于洗澡的歌曲有许多。清清你的嗓子，拿出最好的表现来唱《哗哗水花》（*Splish Splash*）《小鸭子》（*Rubber Duckie*）和《洗澡澡》（*Bathtime*）等歌曲吧。或者你可以一边唱，一边做动作。

小小蜘蛛，
今天爬到你腿上了，
水流下来冲走泥土，
拿出香皂洗一洗，

小蜘蛛说："我也要洗！"

如果需要的话把歌词里身体部位（腿）换成其他。

家长游戏

做汤游戏

鼓励孩子在洗澡的时候学"做汤"。让他进厨房挑一些（3~5件）用具，在洗澡时带着玩。木勺子、碗、搅拌器和量杯都是很好的洗澡玩具，有了它们你的小厨师就能做出很多很多汤和泡芙了。顺便提一下，泡泡汤很好喝的。

你还可以这样做：让你的"小巫师"在浴缸里制作一些"药水"或者施放一个咒语。让他轻轻地往你身上洒一些"药水"，问问他你变成什么了？照他描述的样子做。

如果他们对着干

和孩子一起穿好全套衣服，然后走进浴缸里。这种荒谬的场景会让他发笑，这样他也会愿意自己走进去。

如何

哄孩子洗头发

在孩子的成长过程中，有那么一个时期家长必须得给孩子洗头发（一周最少两次）。面对孩子时常油腻腻、脏兮兮的头发，父母往往需要一些小计谋。

准备工作

- 带孩子去当地的杂货店，让孩子享受给自己挑第一个洗发产品的兴奋感。让他问一问售货员可以选的产品，然后挑选一款（确保挑选的是儿童专用的洗发水，而且必须使用了"无泪配方"）。

- 赞美干净的头发。一定要提到它闻起来、摸起来有多么棒。

- 告诉孩子仰起头来水就不会流入他的眼睛里了。用洋娃娃向他演示不仰起头来会有什么后果，帮助孩子理解你的意思。

- 尽可能多给孩子一些选择："你想用这种洗发水还是那一种？""你想用杯子还是盆里的水冲洗泡沫？""你想快一点洗头还是慢一点洗头？"

- 让孩子自己洗——当然他还是需要你的帮助。给他一点洗发水，教他洗头发，搓出泡沫，然后帮他冲掉泡沫。

基本方法

- 不要说洗头发的时间到了，应该说"按摩的时间到了"。就像对待成年顾客一样对待孩子。询问他的预约时间，告诉他去浴室的路。用一种有趣的腔调说话，哄得他在整个过程中咯咯直笑。

- 谁不喜欢头部按摩呢？就算是最小的孩子也会享受这种美妙的感受。用按摩头皮的技巧把洗头发变成一种积极的体验。

- 教孩子用毛巾挡着脸（把手放在太阳穴上），以免水进入眼睛里。

- 制作泡沫雕像。手里拿一个镜子，让孩子看看泡沫在他头上的样子。把孩子头上的泡沫做成圆形、莫西干形①、牛角形或者任何你能想到的形状，然后让他也试试。

- 进行"头发500"的游戏，基本上就是"让我们看看多快

---

① 指两边低，中间立起来的发型。——编者注

能洗完头发"的游戏。游戏的紧迫感可以让他忽略你的小伎俩，弄清这一点之前他的头发就已经被干净了。大声数着时间，把最终的时间写下来，这样一来，下次洗头发时他就可以尝试打破上一次的"记录"了。

直接、简短地"哄"

"你想自己洗头发还是让我帮你洗？"

"我给你冲头发的时候你需要用毛巾挡着脸还是直接闭上眼睛就行了？"

"你希望我怎样弄湿你的头发？用杯子舀水还是直接打开水龙头冲？"

我把脏东西从头发上洗掉

和着《我把那个男人从头发上洗掉》(*I'm Gonna Wash That Man Right Out of My Hair*)的节奏。给孩子洗头发时唱这首歌，让孩子告诉你需要从头发上洗掉什么东西（瓢虫、土、小狗等）。

我把脏东西从头发上洗掉，
我把脏东西从头发上洗掉，
我把脏东西从头发上洗掉，
把污垢甩到身后。
我把_____从头发上洗掉，
……

家长游戏

用一只手洗

假装你和孩子都有一只手被卡住了或者被粘在一边了。因此，你们两人需要在洗头发的过程中互相帮助。你把洗发水挤到他手上，再由他抹到头发上。你们一块搓头发。他把水龙头打开，在他遮住眼或者仰着头以后，你接一些水冲洗他的头发。

瀑布游戏

假装你在森林里发现了一个很大的瀑布。把一个大盆装满水，让水像瀑布一样倾泻进浴缸里面。孩子可以到水流下面洗头发。让孩子和你一起描述一下瀑布周围的河流、树木、鸟儿、动物等。

如果他们对着干

有时候孩子们会害怕身上沾满了香皂沫。搞明白他是害怕香皂沫还是不喜欢头发被弄湿。如果他确实害怕，试着继续调查。他是不是担心洗发水会进入眼睛里？向他保证他选的洗发水不会弄疼眼睛（实际上也要选择不具有刺激性的洗发水）。不管他在担心什么，一定要弄清楚原因，排除他的忧虑。

如何

哄孩子上床睡觉

"晚安，宝贝"在你说这句话时，你的小家伙走进卧室，穿上睡衣，钻进被窝，慢慢睡着。啊，现实要是这样该有多好！你也许会认为，他在长到十几岁时才会这样。在那之前，你必须每晚帮助他入睡。

准备工作

- 这与日常习惯有关。这并不意味着你必须每天晚上在同一时间、同一张床上哄孩子睡觉——这里的意思是不管什么时候，不管你在哪，入睡都要按照相同的流程（比如：穿睡衣刷牙→上厕所→讲故事→睡觉）进行。把睡觉的准备工作想象成一列火车。你的孩子知道他们应该在什么时候上火车，而且车不会后退。你的工作是把火车设置好，然后开出车站。

- 刚到晚上，你就要把计划列出来，坚持按这个计划做下去。如果你告诉他他可以读几本书，就要让他数清楚本数，并确保他留下的书的数目是正确的。如果你告诉他，你不会回来再和他说一遍晚安或者再唱一首歌了，那就不要再回来了，不管他怎么哭闹。

- 你的进度要比孩子快一步。在为不睡觉找理由方面，孩子是很聪明的。抢先把他们制造的障碍解决掉：在床头放好水，关上衣柜的门，打开夜灯，保证他的泰迪熊就在被子里。

基本方法

- 让孩子自己选择穿哪一件睡衣，教他穿好（尽管不会从头到尾教完）。这样能减少他对睡觉的抵触。

- 让他选择使用哪条毯子，哪个枕头。

- 把所有让孩子上床的创意方法做一个汇总："通过山洞"（经过床边钻进被子里），"飘到云彩上"（在枕头上飞，然后落在枕头上），或者"跳到月亮上"（在你的帮助下，假装跳进月亮里了），一些诸如此类的事情可以让整个过程更有趣。

- 如果孩子是睡在床上，而不是摇篮里，你要躺在他旁边给他唱歌或讲故事，不要让他坐在你的大腿上。通常，平躺会让他意识到自己有多么困。

- 读完故事以后，一边给他唱歌或者慢慢把他放下，一边说服孩子闭上眼睛——这个简单的动作也可以让他感受到自己有多困。

- 在床上放一个孩子喜欢的洋娃娃或者毛绒玩具作为他的入

睡流程的一部分。

- 当你给孩子读故事或者唱歌时，教他深呼吸的技巧——从鼻子长吸一口气，再从嘴里呼出。

直接、简短地"哄"

"你想先穿上睡衣还是先刷牙？"

"今晚你想读两个长故事还是三个短故事？"

"你想和我一块儿唱摇篮曲，还是听我唱？"

"你想读书还是听故事？"

晚安，宝宝

和着《晚安艾琳》（*Goodnight Irene*）的节奏唱：

猴子睡在树上，

小鸟睡在窝里，

【孩子的名字】晚上睡在他的床上，

午睡的时候他休息一会儿。

宝宝，晚安，

宝宝，晚安，

晚安，宝宝，

晚安，宝宝，

我会进入你梦里。

鱼睡在海洋里，

猪睡在猪圈里，

小鸟睡在笼子里，

睡完醒了醒了睡。

宝宝，晚安，

宝宝，晚安，

晚安，宝宝，

晚安，宝宝，

我会进入你梦里。

家长游戏

我们来讲故事

很显然，你不想让孩子在入睡前搞得太累，因此除非哄孩子睡觉会花费你很大力气，否则我们不推荐你在孩子睡觉的时候让孩子频繁地参与脑力或体力活动。但是，让孩子和你一起讲故事可以变成一件很惬意的事情。

不要给他太多压力——进行一个"故事接龙"式的游戏，每句话留一个词语让他猜，这样他会感觉是自己在主导这个故事。如果他仍对故事念念不忘，让他继续讲故事。你可以用下面这种方式展开故事：

从前，有一个_____叫_____。这个_____不是平常的_____。他很_____，因为他想_____。

……

如果他们对着干

- 有时候，你只需要和孩子说晚安，关上门，让他学习怎么自己入睡。如果你想不出其他法子来了，那就进房间向孩子说明他现在需要睡觉了，他不能再吵你了，你不会再回来了。问问他是否还需要一个拥抱或者一个吻，然后再一次帮他盖好被子——转身走开，不管他怎么吵闹都不要再回去了。

- 如果他仍然不睡，告诉他再继续闹下去，睡魔就会来找他。

如何

哄孩子吃药

一个聪明的女人（玛丽·波平斯[①]，影视作品中的超级保姆）曾说，仅仅一勺糖就可以让孩子把药吃下去。但是面对不同的孩子和不同的药品，一勺糖可能远远不够。

准备工作

- 在孩子还很小时，就要开始让他了解药品的知识。向他解释药品是什么以及药品是如何让他变得健康的。要明确一点，那就是吃药这件事是不能讨价还价的："我们每个人都得这么做。"

- 在吃药的过程中，应该尽可能多地给孩子选择权。包括让谁给他拿药，什么时候吃药（当然要在合理的时间范围内），以及吃完药之后他可以喝什么样的饮料。

- 如果使用药品注射器把药品注射到他嘴里（这里说的不是打针等皮下注射方式），要尽量向口腔后部的方向注射。这样做孩子不容易把药吐出来，药品也更可能被咽下去。

- 当你要吃药时，让孩子给你拿药。这样做主要是为了告诉

[①] Mary Poppins，美国电影《欢乐满人间》（*Mary Poppins*）中的角色。——编者注

孩子吃药并没有那么可怕。要好好地表扬他——他帮你做了这么重要的事情呢。

基本方法

- 家长扮演玛丽·波平斯，用一只勺子来喂药，喝完药后赶快给孩子一勺巧克力糖浆（要提前准备好这两勺东西）。在消除药品的余味这方面，巧克力的效果是最好的。

- 可以让孩子决定在哪里吃药，给孩子点主导权是有帮助的。

直接、简短地"哄"

"你想在浴室里吃药，还是在卧室里呢？"

"你想用小杯子吃药，还是用注射器呢？"

"你想快点吃药，还是慢慢地吃呢？"

我要吃药

把下面的歌教给孩子，他能明白该怎么做了。

跟我说"我"，

跟我说"要"，

跟我说"吃"，

跟我说"药"，

一起来，

"我要吃药"。

我听不到，

"我要吃药"！

我们要把药怎么样？

"吃下去"！

（让孩子把药喝下去）

好棒！好棒啊！

家长游戏

超级英雄果汁

给药品起个特别的名字，像是"粉色超级英雄果汁"或是别的有趣又吸引人的名字。告诉孩子每喝一口就会获得一些超能力。你可以用旧的围裙给他做披肩，等孩子喝完药后，你就说，看到他的超能力又变强了。一定要有创意，爸爸妈妈可以在旁边发出一些代表力量增强的声音。

附　录

　　下面的内容是一些表格和证书的模板，在哄孩子的过程中它们会起到很大的作用。父母可以随意地影印和使用这些纸张和表格（有必要的话，在影印的时候可以将它们放大两倍）。你的时间如果很充裕，可以和孩子一起重新制作表格，这会让孩子更多地参与到整个育儿过程中来。每周都要记录下孩子主动做过的事情，当达到一定数量后，就要给孩子奖励。

＿＿＿＿＿的睡觉准备表格

	周一	周二	周三	周四	周五	周六	周日
穿睡衣							
刷牙							
使用牙线							
洗手							
洗脸							
看书							

___ 的魔法语言表格

🐾	周一	周二	周三	周四	周五	周六	周日
谢谢							
请							
打扰了							
请问我可以							
对不起							

＿＿＿＿＿的家务表格

🐱	由谁做	完成后的 贴纸	由谁做	完成后的 贴纸	由谁做	完成后的 贴纸
打扫房间						
整理床铺						
收拾玩具						
洗碗碟						

英雄证书

这个证书证明

_____的表现非常好！

尤其是在_____方面。

因此获得授予他英雄称号

爱你的，
妈妈、爸爸

鸣　谢

戴维·博根尼奇：如果说养育一个孩子需要一个村的力量，那么要写一本育儿书则至少需要一个县或一个城市的力量。这本书也不例外。首先我要感谢我的合著者詹姆斯和他的妻子丽莎。为了整理这本书的资料，他们牺牲了很多周末和午夜休息时间。我也要感谢我们的编辑艾琳·斯洛纳克明智的指导和批评，还要感谢我们的设计师迈克尔·罗加尔斯基的才华和坚持，以及杰森·施耐德的特殊才华——他给鸭子赋予了一种独特的风格。当然我也要感谢那些贡献自己育儿知识的爸爸和妈妈们，包括我自己的父母——路易斯和南希；我的兄弟乔和他的妻子梅勒妮；瑞卡和彼得·鲁宾；艾米丽·贝奇以及"星期四育儿组"的所有父母们，他们包括：让和德里克，玛格特和杰夫，凯特和帕特里克，詹妮弗和内斯特，汤娅和杰夫，利兹，珍宁和乔恩，还有克里斯汀和布兰登。最后，我还必须要感谢我的妻子苏珊娜和我的孩子索菲和马克斯，要是没有他们，我就无法写成这本书，感谢他们向我提供了一个很棒的非正式训练场所。

詹姆斯·格雷斯：我经常感觉自己在电影《骗中骗》（*The Sting*）中，时常要精心策划一个长长的哄骗计谋。在我的电影里，担任主要角色是那些我请教过并且向我提供过帮助的朋友和家庭成员们。我要感谢他们的全力支持，他们分享的技巧和时间。同时，我的妻子丽莎起到了关键作用。她帮忙润色了这本书，没有她，整个育儿过程就没有那么有趣了。我尤其要感谢罗宾为这本书所做的努力，作为一名幼儿园老师和妈妈，罗宾多年以来一直和孩子们在一起，她的建议和调研是无可取代的。其他分享过小诡计的人还包括：凯西·雷德、安东尼博士、克丽丝塔以及诡计之王和诡计之后——格雷斯的爸爸和妈妈。

作者简介

戴维·博根尼奇 纽约时报畅销丛书《生存手册：关键时刻能救命》的作者之一，纽约时报畅销书作家。

詹姆斯·格雷斯 纽约时报畅销丛书《生存手册：关键时刻能救命》中《高尔夫分册》等书的联合作者。

内容简介

想让孩子乖乖睡觉，老实吃饭，穿好衣服？

这本书或许可以帮助你。

本书介绍了一系列平等而尊重的交流方式，对孩子不打不骂也不溺爱骄纵。书中涉及 31 个育儿主题，数百条实践指导，涵盖衣食住行的方方面面，既提供常规的做法，也教会家长通过唱唱跳跳和做游戏的方式与孩子"斗智斗勇"。无论你的孩子通情达理还是爱玩爱闹，你都能从书中找到合适的方法，并培养他们的想象力、责任感、分享意识和好习惯。

相关推荐

特工训练手册 定价：39.80 元

生存手册：关键时刻能救命 定价：38.00 元

德式育儿百科 定价：68.00 元

华人育儿百科 定价：98.00 元

亲子共厨时间：让孩子爱上料理 定价：58.00 元

图书在版编目（CIP）数据

如何哄孩子 / (美) 戴维·博根尼奇, (美) 詹姆斯·格雷斯著; 董春磊译. -- 成都: 四川人民出版社, 2018.12

ISBN 978-7-220-11036-8

Ⅰ.①如… Ⅱ.①戴… ②詹… ③董… Ⅲ.①儿童教育—家庭教育 Ⅳ.① G782

中国版本图书馆 CIP 数据核字 (2018) 第 235716 号

四川省版权局
引进版权登记备案号
图 字 : 21-2018-435

How to Con Your Kid: Simple Scams for Mealtime, Bedtime, Bathtime–Anytime!
by David Borgenicht, James Grace
Copyright © 2005 by Quirk Productions, Inc.
Designed by Michael Rogalski
Illustrations by www.jasonschneider.com
All rights reserved.
First published in English by Quirk Books, Philadelphia, Pennsylvania.
This edition arranged with QUIRK BOOKS through Big Apple Agency, Inc., Labuan, Malaysia.
Simplified Chinese edition copyright：
2018 Ginkgo(Beijing)Book Co., Ltd.
本书中文简体版权归属于银杏树下（北京）图书有限责任公司。

RUHE HONG HAIZI

如何哄孩子

著　　者	[美]戴维·博根尼奇　詹姆斯·格雷斯
译　　者	董春磊
选题策划	后浪出版公司
出版统筹	吴兴元
特约编辑	曹　可
责任编辑	杨　立　邵显瞳
装帧制造	墨白空间·张静涵
营销推广	ONEBOOK
出版发行	四川人民出版社（成都槐树街2号）
网　　址	http://www.scpph.com
E-mail	scrmcbs@sina.com
印　　刷	北京盛通印刷股份有限公司
成品尺寸	143 毫米 ×210 毫米
印　　张	5
字　　数	90 千
版　　次	2018 年 12 月第 1 版
印　　次	2018 年 12 月第 1 次
书　　号	978-7-220-11036-8
定　　价	45.00 元